하버드 비즈니스스쿨
인간관계론 강의

REACH
A New Strategy to Help You
Step Outside Your Comfort Zone

하버드
비즈니스스쿨
인간관계론 강의

앤디 몰린스키 **지음** | 임가영 **옮김**

인간관계에 서툴러 혼자 변방을 헤매는 사람들을 위한
〈소통회복 심리학〉

흥역출판사

"두려운 생각이 들 때마다 엄마는
고개를 꼿꼿이 든 채 행복한 리듬의 휘파람을 분단다.
내가 두려워하고 있다는 사실을 아무도 모르게 말이야.
이 속임수는 참 이상하기도 하지. 내가 두려워하는
사람들뿐만 아니라 나까지도 속아 넘어가게 하거든."

_ 뮤지컬 〈왕과 나 The King and I〉 중에서

Contents

릴리는 지금 몇 시간째 사무실을 서성거리고 있다. 머핀을 한입 베어 물었다가 이내 내려놓는다. 온종일 먹은 게 하나도 없는데도 전혀 배가 고프지 않다.

1년 전에 인터넷기업을 설립한 그녀는 반년이 지났을 때 자신의 부족한 부분을 채워주리라 기대하며 친구 줄리아를 고용했다. 어릴 적부터 친구인 줄리아는 쾌활하고 붙임성이 좋아서 내성적인 성격의 릴리가 엄두 내지 못하는 일도 해줄 것으로 믿었다.

그러나 줄리아는 기대만큼 일해주지 못했다. 그러기는커녕 얼마 전에는 팀원들이 3개월이나 걸려서 만들어놓은 프로그램을 버튼 몇 개를 잘못 눌러 단숨에 엉망진창으로 만들어놓을 만큼 컴퓨터 분야에 문외한이었다.

이제 릴리는 이제껏 한 번도 생각해본 적 없는 일을 해야 한다. 그건 바로 줄리아의 무능이 더 이상 회사에 피해를 입히지 못하도록 그녀에게 해고 통보를 하는 일이었다.

릴리는 머릿속으로 친구에게 할 말을 떠올렸다가 지워버리기를 수없이 반복했다. 그러다 결국엔 자신이 이 일을 해낼 수 없을 거라는 결론에 이르렀다. 절친한 친구에게 그렇게 잔인한 말을 도저히 뱉을 수 없기 때문이었다.

심리학에 '안전지대comfort zone'라는 말이 있다. 어느 것에도 구애받지 않고 심리적으로 편안함을 느끼는 영역을 뜻하는데, 이 안에 머무는 한 일체의 부담감 없이 느긋한 기분으로 살아갈 수 있고, 도전의 버거움이나 실패의 두려움이 전혀 없다.

그러니 살면서 자기만의 안락한 영역 밖으로 나가는 걸 좋아할 사람은 없다. 그곳은 오랜 기간에 걸쳐 익숙한 영역이어서 그저 습관적으로만 행동하면 된다. 반대로 말하면 안전지대 밖으로 나가는 것은 두려움, 걱정, 긴장, 불안이 엄습하는 미지의 암흑세계와 맞닥뜨리는 일이 된다.

1990년대에 활동했던 여성 심리학자 주디스 바드윅Judith Bardwick은 《안전지대의 위험Danger in the Comfort Zone》이란 책에서 이렇게 썼다.

"오늘날 미국경제가 이렇게 쇠락한 이유는 외부에 있는 게 아니라 힘들고 부담스러운 일을 외면하고 무조건 안락함만을 추구하면서 마땅히 해야 할 일을 하지 않는 미국인 자신에게 있다. 그들은 미국사회를 파괴하는 좀벌레와 같은 존재다."

대부분의 미국인들이 마음속에 도사린 안전지대, 즉 심리적 '부담의 벽'을 뛰어넘으려 하지 않기 때문에 미국사회가 무너지고 있다는 개탄이다. 심리적 안전지대에 안주하면 나라가 추락할 지경인데 개인은 더 말할 필요가 없을 것이다.

문제는, 인생의 마법은 우리 모두가 부담스러워하는 영역 너머에서 일어난다는 점이다. 우리가 가능하다고 믿는 것 이상으로 삶의 지평을 넓혀가며 성장하고 배우고 발전할 수 있는 곳, 부담의 벽 너머는 바로 그런 세계다.

그러나 그 세계는 한 번도 경험해 보지 못한 곳이니 두려움의 대상일 수밖에 없다. 릴리의 경우는 친구를 해고해야 하는 상황이 그랬다. 무능한 줄리아가 사업에 아무 도움을 주지 못한다는 사실이 명백해진 지금, 릴리는 친구에게 이제 그만 회사를 떠나라는 말을 전해야 한다. 하지만 결단의 시기를 놓쳐서는 안 된다는 사실을 잘 알면서도 릴리는 도저히 입을 열 수가 없었다.

살면서 누구나 자기만의 안락한 세상 밖으로 나가야 할 상황에 내몰릴 때가 있다. 친한 친구를 해고하는 일만큼 어려운 결단은 아닐지라도 주위 사람에게 나쁜 소식을 전달하는 일, 나의 능력을 최대한 과대포장해서 낯선 사람들에게 홍보하는 일, 거래처 사람들을 모아놓고 목소리를 높여 세일즈 활동을 하는 일, 까다로운 사람들과 인간관계를 맺어가는 일 등이 거기에 속한다.

오래 전에, 아이비리그에 속하는 명문대학에서 전자공학을 전공한 닐 케네디는 직장생활 틈틈이 특별한 웹사이트를 만들었다. 오늘날의 페이스북과 흡사한 소셜 네트워크 서비스였는데, 문제는 이 일이 페이스북이 탄생하기 훨씬 전이라는 사실이다.

사람들 앞에 나서는 걸 극도로 싫어하는 닐은 눈에 핏발을 세우고 있는 투자자들 앞에서 자기가 만든 제품을 직접 홍보하는 모습을 상상하는 것만으로 심장이 멈출 것 같았다.

결국 닐은 그런 상황을 회피하며 자신이 만든 걸작을 이리저리 수정하고 보완하느라 시간을 보냈다. 그러다 2004년에 하버드대학의 학생이던 마크 저커버그Mark Zucker-burg가 페이스북을 출시했고, 닐이 만든 웹사이트는 한순간에 무용지물이 되어버렸다.

조금 다른 얘기지만 상황이 어렵기로 말하면 전혀 뒤지지 않는 애니 존스의 사례를 보자. 애니는 금융회사에 다니는 34세의 어카운트 매니저로, 고객과 상담할 때마다 옆자리에 앉아 사사건건 참견하고 무시하는 말을 내뱉는 선배 포트폴리오 매니저에게 어떻게 하면 직설적으로 맞설지 고민이었다.

문제는, 그녀가 천성적으로 상황을 최대한 부드럽게 해결하는 걸 좋아한다는 것이었다. 갈등이나 분쟁 같은 단어는 그녀의 사전에 없는 말이었기에, 애니는 자신의 기분을 내색하지 않고 그저 잠시 화난 표정을 짓거나 혼자 투덜거리는 식으로 대응하고 있었다.

세상이 자기 뜻대로 된다면 애니는 야비한 동료에게 당당히 맞설 자신감을, 닐은 자신의 아이디어를 큰소리로 발표할 용기를, 릴리는 친구에게 자신의 속내를 전달할 결단력을 발휘했을 것이다.

그러나 불행하게도 현실은 다르다. 아무리 분쟁을 회피하는 소심한 성격이라도 다른 사람과 갈등을 겪어야 할 때가 있고, 아무리 심약한 사람이라도 세상을 향해 자신의 뜻을 주장해야 할 때가 있으며, 남의 시선이 쏟아지면 당장이라도 숨이 막혀버리는 사람도 누군가를 상대로 말해야 할 때가 있다. 이것이 바로 자존감을 지키는 일이고 성취감을 느끼며 살아가는 길이다.

구글에서 '안전지대comfort zone'를 검색해보았다. 수면을 박차고 어항 밖으로 뛰어오른 금붕어가 다른 어항으로 곧장 향하는 그림, 곡예를 하듯이 줄 위를 걷는 사람들의 사진이 나온다. 어떤 사람이 낙하산을 메고 절벽에서 뛰어내리며 이렇게 외치는 사진도 있다.

"당신이 원하는 것들은 기껏해야 한 걸음만 걸어가면 있습니다. 당신의 안전지대는 자신을 꽁꽁 묶어두기 위해 스스로 쌓아올린 벽일 뿐입니다!"

그리고 당연히 벽을 뛰어넘는 도전을 통해 마침내 전혀 다른 삶을 이룬 사람들의 이야기도 나온다. 그들은 당신도 자기들처럼 해낼 수 있다고 목청껏 외친다.

"뛰어넘으세요! 도전하세요! 당신이 두려워해야 하는 것은 두려움 그 자체입니다!"

그동안 나 역시 이런 종류의 메시지에 용기를 얻고 도전에 나서 보기도 했지만, 막상 그 논리를 적용하려고 하면 좌절에 빠질 때가 많았다. 아마 많은 사람들이 나처럼 그런 충고를 믿었다가 한숨을 내쉬며 실망한 적이 있을 것이다.

안전지대 comfort zone

어항 밖으로
뛰어오른 금붕어

곡예를 하듯이
줄 위를 걷는 사람

낙하산을 메고
절벽에서
뛰어내리는 사람

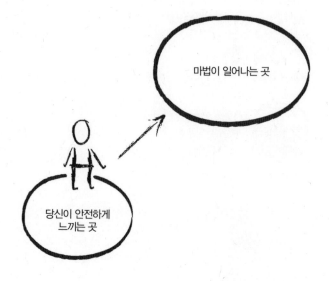

이 책은 우리가 부담을 넘어서는 일이 왜 그토록 힘든지 설명하고, 그럼에도 불구하고 마침내 벽 너머로 달려나갈 결심을 한 당신에게 용기와 자존감을 심어주기 위해 집필되었다.

이 책이 제시하는 방법은 천편일률적인 얘기와는 거리가 멀다. 오히려 독자 개개인의 저마다의 상황에 대한 맞춤형 방법이 될 것이다.

이 책에서 배우게 될 것들

대부분의 독자들과 마찬가지로, 나 역시 어른이 된 후에 어려서부터 몸에 익어온 행동 습관을 바꾸느라 꽤나 고생했었다. 새로운 일에 도전해서 한 단계 뛰어오를 때도 있었지만 발전 가능성이 큰 기회들을 어떻게든 회피하는 일에 많은 것을 바칠 때도 있었다.

예를 들어 대학에 다닐 때 나는 발표 수업이 무척 힘들었다. 너무 내성적인 성격이라 사람들 앞에 서는 게 죽기보다 싫었기 때문이다. 그래서 수업 참여 점수 비중이 그리 크지 않은 강의식 수업으로 시간표의 대부분을 채웠다.

여름방학 때에도 학교 밖에서 활동할 기회에 도전하는 일이 너무 두려웠다. 그래서 스스로 원한다면 얼마든지 그런 일을 할 수 있는데도 시도하지 못했다.

결국 나는 초등학교 아이들의 여름캠프에서 일일교사로 일했는데 그 일이 보람 있긴 했지만 내가 실제로 관심 있었던, 하지만 낯설고 두려워서 접근하지 못했던 비즈니스 세계와는 한참 거리가 멀었다.

신참내기 교수가 되어 처음 참석한 교직원회의에서도 나는 무슨 말을 해야 할지 몰랐고, 어렵게 발언한 내용이 정말로 가치 있는 것인지도 확신하지 못했다.

심지어 연차가 높은 교수가 된 지금도 다양한 상황에 맞게 행동하는 일에 곤혹을 느끼곤 한다. 특히 비즈니스 관련 회의에서 강의를 하는 건 어떻게든 극복해야 할 도전 과제인데, 그중에서도 기업의 임원들을 상대로 하는 강의는 매우 부담스럽다.

나는 한 사람의 교수로서 더 직설적으로 말하고, 강하게 행동하는 습관을 익혀야했다. 게다가 여러 사람과 친해지고 인맥을 구축하는 법도 배워야 했는데, 내가 누군가와 단둘이 마주 앉아 술잔을 기울이며 수다를 떠는 일조차 상상할 수 없을 만큼 낯을 가리는 사람이라는 게 문제였다.

그렇다. 나는 나만의 안락한 현재에 뿌리를 내린 채 혼자만의 세계를 고집하며 살아왔다. 그러다 다른 사람들과 이 문제를 놓고 얘기하던 중 많은 이들이 자주 이런 기분에 빠져 헤맨다는 사실을 알게 되었다.

부담을 넘어서는 일은 무척 힘들지만, 그런 어려움을 부르는 이유들은 쉽게 알 수 있기 때문에 그것들을 하나하나 나열하다 보면 문제 해결에 필요한 열쇠를 찾을 수 있지 않을까 생각하게 되었다.

버거움을 극복하고 성공을 거두는 일이 쉽다고 말하는 사람은 없다. 그렇기에 시간과 노력, 전략과 결단이 필요하다. 이 책을 통해 얻게 될 노하우와 도전에 성공한 사람들의 사례들을 통해 당신도 할 수 있다는 용기와 자신감을 얻게 되기를 진심으로 바란다.

하버드 비즈니스스쿨
인간관계론 강의

Reach

A New Strategy to Help You
Step Outside Your Comfort Zone

관계에 서툴러
'부담스러운 일' 투성이입니다

부담을 극복하는 일은 무척 힘든 여정이기에 용기를 최대한 끌어올려야 하는 건 분명한 사실이지만, 대체 그 일이 왜 그렇게 어려운지에 대해서는 설명하기가 어렵다.

　　다시 말해서 부담의 벽 바깥의 무엇이 그토록 위협적인지, 그 어려움을 극복하기 위해서는 무엇을 해야 하는지가 분명하지 않은 것이다.

그래서 이 책의 첫 번째 챕터에서는 여러 가지 심리적 어려움 중에서도 가장 핵심이 되는 문제, 즉 내성적인 사람이 느끼는 두려움의 이유가 무엇인지에 대해 알아보려고 한다.

그리고 다음 장에서는 그중 가장 흔한 이유인 '회피'에 대해 설명하겠다. 이를 통해 우리를 불편하게 만들면서도 다른 한편으로는 개인적인 성공에 꼭 필요한 일들을 우리가 얼마나 자주 회피하고 있는지 알게 될 것이다.

내성적인 사람이 겪는 5가지 어려움

다른 사람들이 좋아하는 것을
당신이 좋아하지 않는다고 해도
절대 낙담하지 마라.

_엠마 왓슨(Emma Watson, 영국의 배우)

여기 우리가 부담스러운 일을 시도하는 과정에서 마주치게 되는 다섯 가지 핵심적인 심리 장벽들이 있다. 자기만의 안전지대 밖으로 나가는 일이 힘든 이유를 이해하게 되면 앞으로의 문제들에 대비하는 게 훨씬 쉬워질 것이다.

1. 정체성에 관한 어려움

: 자기답지 않다는 느낌, 그리고 그 느낌이 야기하는 괴로움

2. 호감도에 관한 어려움

: 행동 습관을 바꿨을 때 다른 사람들이 나를 싫어하게 되는 상황을 두려워하는 감정, 그리고 그런 감정에서 비롯되는 걱정

3. 경쟁력에 관한 어려움

: 나는 이런 일에 적합하지 않고 남들도 그렇게 생각할 거라고 여기는 감정, 그리고 그렇게 되었을 때의 당혹감과 수치심

4. 분노에 관한 어려움

: 애초에 행동 습관을 바꾸는 일 자체가 필요 없다는 생각, 그리고 본심과는 다른 그러한 생각이 부르는 분노와 좌절

5. 도덕성에 관한 어려움

: 내가 그런 행동을 꼭 해야만 하는가에 대한 의심, 그리고 그 의심으로 인한 불안과 자책감

버거운 일에 부딪칠 때마다 위에 열거한 다섯 가지 감정을 한꺼번에 전부 겪는 건 아니지만, 분명한 사실은 이 중에 어느 것 하나라도 당신의 도전을 힘들게 만들 수 있다는 점이다.

1. 정체성에 관한 어려움 :
"그건 나답지 않은 모습이야."

육군사관학교 상급 생도인 제인 레디는 신입 생도들에 대한 점검 준비를 마쳤다. 그녀에게는 처음인 이번 임무를 앞두고 눈앞이 캄캄하고 속이 울렁거려 몹시 고생했지만, 그럼에도 신입 생도들을 어떤 상황에도 군인정신을 잃지 않을 역량을 길러주려는 훈련 목적을 정확히 이해시켰다.

하지만 문제는 상급 남자 생도들이 후배 생도들을 대할 때 전형적으로 보이는 공격적이고 마초적이며, 심지어 모욕적이기까지 한 지휘 스타일이 그녀에게는 너무도 불편하고 부자연스럽게 느껴진다는 것이었다.

마침내 신입 생도들의 복장 점검 시간이 다가왔다. 제인은 한 생도가 벨트의 버클을 광나게 해야 하는 걸 잊었다는 사실을 발견하고, 그건 사관생도가 꼭 지켜야 할 의무의 하나이기에 당장 버클을 닦으라고 큰소리로 명령했다.

제인은 훈련 담당 하사관으로서 어린 생도를 굉장히 호되게 질책했는데, 그녀가 누군가에게 그렇게 벼락 치듯 명령한 것은 그때가 처음이었다. 결과만 놓고 보자면 그녀는 임무를 성공적으로 수행한 것이었다.

그런데 15초쯤 흘렀을까, 신입 생도가 갑자기 울음을 터뜨렸다. 불쌍한 어린 소년 앞에서 괴물처럼 행동하다가 끝내 그를 울게 만든 것이다. 이런 상황은 계획에 없었고 상상도 해본 적이 없는 일이기에 잠시 당황했지만 잠시 후 제인은 물러서지 않고 더 큰소리로 신입 생도를 몰아쳤다.

"지금 고작 벨트 버클 때문에 울음을 터뜨린 건가? 고향에 계신 엄마가 보고 싶나? 실제로 총알이 날아다니는 현장에서는 어쩔 셈인가? 그때도 오늘처럼 질질 짤 텐가?"

그날 밤, 막사로 돌아온 그녀는 너무도 부끄럽고 지친 마음을 끌어안고 침상으로 기어들어갔다. 제인은 그 같은 행동을 한 자신을 용서할 수가 없었다. 그것은 결코 그녀의 본래 모습이 아니었다.

문제는 그녀가 어떻게든 자신에게 주어진 임무에 충실해야 한다는 사실이었다. 제인은 훈련의 궁극적인 목표를 너무도 잘 이해하고 있었다. 지휘관으로서 생도들을 관리하는 한편으로 그들을 한 단계 발전시키는 것 말이다.

이쯤에서 그녀는 방법을 찾아야 했다. 그동안 남자 생도들 사이에 통용되어 왔던 강압적 지휘 통솔 방법을 도저히 감당할 수 없기에 나름의 해결책을 마련하는 것 말이다.

사실 그것은 시간을 다투는 일이었다. 훈련은 매일 계속되고, 어쩌면 다음 날 또 다른 생도들을 대상으로 똑같은 행동을 반복할 수 있는 일이기 때문이었다. 과연 제인은 도무지 자신 같지 않은 행동을 어떻게 자기 것으로 만들어갈 수 있을까?

세상은 빠르게 변하며, 우리 모두에게 변화를 따라잡으라고 요구한다. 그 과정에서 우리는 특정한 행동을 배우고 익혀야 하는데, 그런 행동이 종종 스스로를 '나답지 않다'고 느끼게 만든다. 그 결과 우리는 효과적인 업무 처리에 꼭 필요하지만 마음을 불편하게 하는 행동을 억지로 해야 하고, 바로 이런 때 스스로를 낯설게 여기거나 심지어 자신을 위선자나 가짜라고 여기기도 한다. 사관생도 제인이 느낀 비참한 감정이 바로 이것이었다.

인도 태생의 자스밋 싱은 포춘 지가 선정하는 100대 기업에서 20여 년 동안 고위직 관리자로 일하다가 최근에 전

자상거래 업계에서 빠르게 성장하고 있는 Axiom엑시엄이라
는 회사의 물류 파트 부사장으로 자리를 옮겼다.

겉으로만 보면 완벽한 이직이었다. 자스밋은 Axiom이
원하는 경력의 소유자였고, 그 자신도 커리어를 위해 또 한
번 도전할 준비가 되어 있었다. 게다가 솔직히 말하면 자스
밋은 현재의 생활수준을 유지하기 위해 그에 맞는 급여를
제공할 직장이 필요했다.

하지만 새로운 회사에 출근한 지 얼마 되지 않아서, 그는
그동안 자신이 경험해온 기업문화와 Axiom의 기업문화가
절대 섞일 수 없는 물과 기름 같다는 사실을 알게 되었다.
이전 회사의 분위기는 Axiom이라는 신생 스타트업 기업
보다 훨씬 딱딱하고 관료주의적이었다. 자스밋은 이전 회
사에서 고위직 임원이었기 때문에 부하직원들의 보고를 받
거나 진행 상황을 업데이트 받기는 했지만 부하직원들처럼
실제 데이터를 들여다보는 것은 몇 년 전이 마지막이었다.

자스밋은 이전 회사의 기업문화가 자신의 성향에 더 잘
맞는다고 생각했다. 그것은 어쩌면 그의 성장 배경과 관련

이 있을 것이다. 사람을 대할 때는 최대한 예의를 갖춰야 한다고 강조하신 엄격한 부모님 밑에서 자란 탓에 자스밋은 위계질서에 맞춰 팀을 꾸려가는 게 마음이 편했다.

그랬기에 그가 밑바닥에 있을 때는 선배들을 깍듯하게 모셨고, 승진을 거듭해서는 주어진 힘과 권위를 최대한 누렸다. 게다가 자스밋은 고위직 임원에 어울리는 옷차림이 자연스러운 사람이었다. 그가 가장 편하게 입는 복장은 몸에 딱 맞는 정장에 화려한 색상의 넥타이, 그리고 그에 어울리는 행커치프였다. 사실 자스밋의 취미는 유명 디자이너 행커치프를 수집해서 정장과 어울리게 맞춰 입는 것이었다.

그런 자스밋의 패션 스타일은 Axiom의 모든 임직원들의 옷차림에 비해 지나치게 격식을 차린 것이었다. 면접이라는 공식적인 자리에서는 두드러져 보이지 않았던 그의 옷차림은 실제로 출근하기 시작하면서 점점 부각되어 직원들의 화젯거리가 될 정도였다.

그가 자신의 트레이드마크인 정장에 행커치프 차림으로 출근할 때, 다른 직원들은 찢어진 청바지에 헐렁한 티셔츠,

그리고 스니커즈 차림이었기 때문이다.

자스밋의 프레젠테이션 스타일 역시 다른 직원들과는 완전히 달랐다. 프레젠테이션의 목적은 데이터에 대한 이해와 빠른 결론 도출이다. 그러니 누구도 강의식 프레젠테이션, 더군다나 현실과 동떨어진 추상적인 이론이 주를 이루는 그의 프레젠테이션 방식을 원하지 않았다.

자스밋은 자신이 뼛속까지 교수 타입이자 이론가임을 알게 되었다. 하지만 그게 바로 자스밋의 자아였고 절대로 바꾸고 싶지 않은 부분이었다. 바로 이것이 정체성에 관한 어려움의 핵심으로, 자스밋이 성공을 위해 갖춰야 하는 태도와 그의 자아가 충돌하는 지점이었다.

2. 호감도에 관한 어려움 :
"사람들이 이러는 나를 좋아하지 않을 거예요."

인간의 마음이 평생 동안 타인의 사랑을 원한다는 사실은 그리 놀라운 일이 아니다. 하지만 우리의 뇌가 이런 긍정적 피드백을 얼마나 간절히 원하는지에 대해 아는 사람은 그리 많지 않다.

신경과학 분야에서 진행된 연구 결과에 따르면 우리가 느끼는 사회적 교류 욕구와 인정 욕구는 식욕, 갈증, 주거에 대한 욕구와 마찬가지로 인간의 기본적인 욕망이라고 한다.

그러나 당신이 자신에게 전혀 익숙하지 않은 곳에서 익숙하지 않은 행동을 해야 할 때, 그리고 당신의 그런 모습을 남들이 좋아해줄 거라는 확신이 들지 않을 때, 반드시 하나의 문제가 발생한다. 바로 호감도에 관한 어려움이다.

이러한 전형적인 사례가 금융회사 어카운트 매니저 애니 존스의 이야기다.

그녀가 처음부터 금융 분야를 택한 건 아니었다. 애니는 대학 졸업 후 몇 년 동안 고등학교 수학교사로 일했었다. 그러다 취미로 해오던 주식 투자를 직업으로 삼을 길이 있다는 사실을 알게 되었다.

남성 중심의 마초적인 문화가 주류를 이룬다는 점이 걱정되었지만, 그녀는 로스앤젤레스에서 제일 규모가 큰 사모펀드 회사에 취직함으로써 금융업계에 발을 들여놓았다.

입사 후 얼마 지나지 않아 애니는 자신이 정말로 옳은 결정을 했음을 알 수 있었다. 그녀의 업무는 시장의 변화에 발맞춰 빠르게 돌아갔는데, 업무가 인간관계를 중심으로 이루어지기 때문에 외향적인 성격의 그녀에게는 더없이 적합한 일이었다.

모든 게 순조로웠다. 딱 한 가지만 빼고 말이다. 자꾸만 신경을 거슬리게 하는 포트폴리오 매니저 릭 슈미츠가 문제였다. 애니는 그동안 여러 포트폴리오 매니저들과 함께 일해왔고 지금까지 아무 문제가 없었다.

하지만 릭은 달랐다. 그는 제멋대로 생각하고 행동하는 전형적인 밥맛이었다. 그는 중요한 순간마다 애니의 상관과 동료, 그리고 고객들 앞에서 그녀를 깔아뭉갰고 심지어 거의 성사된 투자 상담도 그의 거친 언행 때문에 깨져버린 일도 있었다. 문제는 회사 방침에 따라 고객과 상담할 때마다 반드시 포트폴리오 매니저와 동석해야 하기 때문에 그를 피할 방법이 없다는 것이었다.

그녀의 말을 다 듣고 나서, 나는 그녀가 한 번쯤은 릭의 방을 찾아가 그의 부당한 언행에 항의하고 자신의 생각을 당당히 밝혔다는 이야기가 다음에 이어지기를 기다렸다. 누가 봐도 그게 자연스러운 행동이니 말이다.

하지만 애니는 그렇게 하지 않았다. 애니는 끝내 자존감을 일으켜 세울 결정적인 한 방을 날리지 못했다. 그녀는 자신이 그런 행동을 했을 때 릭을 포함한 직장 동료들이 어떻게 받아들일지 너무 걱정되었다.

혹시 나를 사소한 문제를 트집 잡는 까칠하고 드센 여자라고 손가락질하지 않을까? 바로 이런 두려움이 그녀의 머리를 짓눌렀던 것이다. 사실 나는 이와 비슷한 일을 경험한 사람들을 많이 알고 있다. 그들의 말을 빌리자면 이렇다.

"그 사람이 나를 싫어할까 봐, 다른 사람들이 나를 멀리할까 봐 해야 할 말을 못하고 그냥 외면할 수밖에 없었어."

그러면서 그들은 하나같이 이렇게 말한다.

"사람들이 이러는 나를 좋아하지 않을 거예요."

3. 경쟁력에 관한 어려움 :
"내가 이 일에 소질이 없다는 걸 사람들도 다 알 거예요."

스스로 무능하다고 느낄 경우엔 부담의 벽을 넘는 일이 더 힘들다. 자신의 무능이 다른 이들의 눈에 훤히 보일 거라고 믿기 때문이다. 요컨대 정체가 탄로 나는 게 죽기보다 싫다는 것이다.

교수가 되어 처음으로 비즈니스스쿨의 강의실에 들어섰을 때 내가 느꼈던 무력감이 기억난다. 나는 수강생들이 나보다 비즈니스 이론을 더 많이 알고 있을까 봐 두려웠는데, 아마 그건 사실이었을 것이다. 또한 준비한 자료를 다 끝내지 못하거나 예정보다 지나치게 빨리 끝내버릴까 봐 걱정했는데, 역시나 그랬다.

경영컨설턴트로 일하는 웬디 로지의 이야기도 들어보자. 그녀는 회사가 인적 네트워크나 직원들 간의 친밀한 인간관계 같은 소프트 스킬을 중시하는 문화에 절망하고 있었다.

웬디는 막 입사했을 때 상무이사가 자기보다 열다섯 살이나 어린 신입사원과 메이저리그 야구팀에 관해 잡담을 나누는 걸 보았다. 그녀에게 그런 광경은 상상도 못할 일이었다. 야구에 대한 상식이 없다는 사실은 차치하고라도 잘 알지도 못하는 사람들끼리 킬킬거리며 한담을 나누는 것 자체가 너무 이상하게 느껴졌다.

웬디도 처음엔 그런 분위기에 적응하려고 노력했지만 쉽지 않았다. 그러자 자신이 모든 면에서 부족한 실패자처럼 느껴졌다. 그러면서도 그녀는 자신의 행동 패턴을 바꾸는 일이 내키지 않았다. 결국엔 실패로 돌아갈 게 뻔하기 때문이었다.

경쟁력에 관한 어려움을 느끼는 건 우리 같은 보통 사람들만의 일은 아니다.

낮은 자존감은 저명인사들마저 거침없이 잠식해버린다. 아카데미 여우주연상과 음악상, 에미상, 그래미상, 골든글로브상까지 두루 섭렵한 가수 겸 영화배우 바브라 스트라이샌드Barbra Streisand는 신인 시절 극심한 무대공포증을 경험한 뒤부터, 톱스타로 살아온 25년 동안 스타디움 같은 큰 규모의 공연장 무대에 서는 것을 거부했다.

그래미상을 수상한 영국 가수 아델Adele은 공연 도중에 급작스러운 무대공포증에 당황한 나머지 공연장의 비상구로 탈출한 적이 있었다. 미국의 인터넷언론사인 허핑턴포스트의 설립자 아리아나 허핑턴Arianna Huffington은 이렇게 자기회의적인 감정에 대해 '나의 무능력에 대해 끊임없이 속삭이는 내 머릿속의 불쾌한 룸메이트'라고 묘사한 적이 있다.

배우 리즈 위더스푼Reese Witherspoon은 영화 〈앙코르Walk the Line〉로 아카데미 여우주연상을 수상하기 직전에 이 불쾌한 룸메이트의 존재감을 뼛속 깊이 느꼈다. 그녀는 그때의 기분을 이렇게 설명했다.

"내 이름이 불리지 않기만을 간절히 기도하며 앉아 있었어요. 온 세상 사람들이 지켜보는 가운데 연설을 해야 될지도 모른다는 사실이 정말 두려웠거든요."

이렇게 버겁고 부담스러운 상황을 어떻게든 회피하기 위해 사람들은 무슨 일이든 하려고 든다. 이것을 심리학에서는 '가면증후군Imposter Syndrom'이라고 부른다.

가면증후군이란 자신이 거둔 성공이나 업적이 피나는 노

력이나 능력에 의해서가 아니라 행운이나 우연 때문이라고 여겨서 자신의 원래 모습이 드러나는 것에 두려움을 느끼는 심리를 말한다.

자신의 불완전함이 세상에 까발려지고 인생의 거짓말들과 비겁한 행동들이 하루아침에 드러나는 걸 두려워하는 마음, 다시 말해서 본색이 탄로 날까 봐 두려워하는 마음이 바로 가면증후군이다.

극단적인 얘기라고 할지 모르지만 실제로 많은 사람들이 이런 감정을 경험한다. 편안하고 안전하게 웅크릴 수 있는 영역 밖으로 나서야 하는 순간, 자신이 위선자이자 사기꾼이며 거짓말쟁이라고 자책한다. 심지어 살아오면서 거둔 모든 성취가 전부 우연이나 사기에 불과하기 때문에 진실이 들통 나는 건 시간문제라고 생각한다.

자신의 출중한 능력과 경쟁력을 절대로 의심하지 않을 것 같은 사람들도 가면증후군을 겪는다는 사실을 알고 있는가?

배우 조디 포스터Jodie Foster는 〈피고인The Accused〉으로 아카데미 여우주연상을 받게 되었을 때, 이것은 분명 착오이

며 결국 상을 되돌려줘야 할 거라고 생각했다. 그녀는 CBS
의 〈60분60Minutes〉에 출연해서 '이 상은 순전히 요행으로
받게 된 것'이라고 말하며 울먹이기도 했다.

마크 저커버그와 함께 페이스북 제국을 일군 이 회사 최
고운영책임자COO 셰릴 샌드버그Sheryl Sandberg는 이렇게 말
했다.

"가끔 능력 밖의 일이라는 생각이 드는 직무를 떠맡을 때
가 있습니다. 그러면 내가 사기꾼이 아닐까 하는 생각이 며
칠씩 이어질 때도 있답니다. 나의 보잘것없는 능력으로는
도저히 해낼 수 없는 일이기 때문입니다."

애플의 수석 디자이너 알랜 다이Alan Dye는 이렇게 말했다.
"언젠가 모든 게 들통 날지도 모른다는 두려움에 죽을 것
만 같습니다. 내가 실제로는 수준 이하의 엉망이라는 사실
을 CEO가 곧 알아챌 텐데, 그게 너무 두려워요."

미국의 대기업들을 상대로 실시한 설문조사에 따르면
CEO들이 가장 두려워하는 것 역시 우리가 지금까지 다뤄
온 자신의 무능력이었다. 자산 가치가 수십 억 달러에 달하

는 기업에서 수십 만 명의 고객을 책임지고 있는 사람들이 스스로를 형편없는 무능력자라고 생각하는 것이다.

그러니 이 세상 누구라도 부담의 벽을 넘어야 하는 상황에 내몰렸을 때는 경쟁력에 관한 어려움을 느끼게 된다는 사실을 꼭 기억하기 바란다. 만약 당신도 그런 감정에 휘둘린다면 그게 정상이라고 생각하라는 것이다.

4. 분노에 관한 두려움 :
"내가 왜 이 짓을 해야 하는 거야?"

새로운 상황에 효과적으로 대처하기 위해서는 무엇보다도 먼저 행동 습관을 바꿔야 한다는 사실을 잘 알면서도 그렇게 해야만 한다는 사실에 죄책감이나 분노를 느낄 수 있다.

낯선 사람들과 어울리는 일에 공포에 가까운 감정을 느끼는 환경 컨설턴트 드류 라이온스의 경우를 보자. 아무리 중요한 잠재고객이라도 만나자마자 정답게 악수를 나눠야 하는 걸 진심으로 즐겁게 여기는 사람은 없을 것이다. 특히 내성적인 성격을 타고난 드류 같은 사람한테는 그런 일이

닥치면 무척이나 끔찍한 시간일 것이다.

그가 속한 환경업계에서는 이런 모임이 잦았고 실제로 매우 중요했기에, 그가 이 분야에서 성공하려면 어떤 자리든 참석해서 인맥을 넓혀야 했다. 어차피 비즈니스란 인맥 싸움이라는 말도 있지 않은가?

하지만 그는 바로 그런 이유 때문에 화가 났다. 왜 알지도 못하는 사람들을 만나 마음에도 없는 말을 해야 한단 말인가? 왜 어울리기 싫은 사람과 얼굴을 맞대고 시시덕거려야 한단 말인가?

금융회사 임원인 로저 에반스도 그런 경우였다. 그는 프로젝트를 진두지휘하던 대규모 금융회사의 임원에서 규모가 훨씬 작고 모든 일에 일일이 조직 구성원들의 동의를 이끌어내야 하는 기업으로 이직한 뒤에 엄청난 좌절감을 느꼈다.

나와 이야기를 나누는 동안에도 자신이 처한 상황을 설명하는 그의 목소리엔 분노가 깔려 있었다. 로저가 이직해서 처음 맡은 임무는 이 회사의 구태의연한 브랜드 이미지를 개선하는 일이었다. 그는 이전 회사에서 하던 대로 프로

젝트를 누구의 동의도 받지 않고 혼자 진두지휘하는 방식
으로 일에 착수했고, 성공적으로 마무리되었다.

하지만 속을 들여다보면 그렇지도 않았다. 로저는 이 일
을 하면서 자신이 정한 방향에 따라 소신껏 추진했는데, 그
런 방식은 무슨 일이든 의논하고 협력하는 이 회사의 기업
문화와는 전혀 맞지 않는 것이었다.

그래서 프로젝트가 끝난 뒤에 동료들의 하이파이브를 기
대한 로저가 실제로 받은 것은 차가운 냉대였다. 그는 자기
도 모르게 동료들을 섭섭하게 만들었고, 그러면서도 일을
아주 잘해내고 있다고 믿었던 것이다. 로저는 회사에도, 동
료들에게도 화가 났다. 칭찬받아 마땅한 일을 하고도 벌을
받고 있다는 사실이 억울했던 것이다.

5. 도덕성에 관한 어려움 :
"이 일을 하는 게 옳은 것인지 확신이 서지 않아."

부담의 벽을 넘어서는 어려움에는 도덕의식의 격차 역시
큰 몫을 한다. 어떤 행동이 도덕적으로 합당한지에 대해 우

려하는 마음이 앞서면서 심적으로 갈등이 생기는 것이다.

앞서 소개한 릴리가 좋은 사례다. 처음엔 친구를 고용하는 게 완벽한 계획이라고 여겼지만, 그녀는 좋은 친구이기는 해도 함께 일하기엔 부적절한 사람이었다.

한껏 허리띠를 졸라매야 하는 신생기업의 경영자였던 릴리는 그런 직원을 감당할 여유가 없었다. 최소의 인적 자원으로 최대 효과를 이끌어내야 할 판에 비즈니스에 걸림돌이 된다면 문제가 컸다.

릴리는 이대로는 도저히 안 된다는 사실을 알고 있었지만, 그럼에도 불구하고 친구에게 해고 통보를 하는 게 너무 힘들었다. 옳은 일이 아니라는 감정이 마음을 억눌렀고, 회사에서 쫓겨난 친구의 생계가 걱정되기도 하여 차마 입을 열 수가 없었다.

나는 그동안 사람들이 직업적으로 직면하게 되는 도덕적 어려움의 사례를 조사해왔다. 그중에서 가장 가슴 아픈 사례는 대학병원에서 뇌사 상태에 빠진 여성 환자의 위장에 영양보급관을 삽입하는 일을 맡은 어느 인턴의 이야기였다.

그 여성은 50대 초반의 뇌졸중 환자였다. 환자의 몸은 몹시 야위었고, 머리카락은 한 올도 없었다. 문제는, 예후가 매우 좋지 않음에도 가족들이 환자의 연명 치료를 위해 영양보급관을 삽입하기로 결정한 것이었다.

그래서 이 인턴이 환자의 식도를 통해 영양보급관을 삽입하는 시술을 맡게 되었는데, 그는 이 일을 너무도 잔인한 처사라고 생각했다. 환자는 듣거나 말하거나 움직일 수 없었지만, 그런 시술을 감당하지 못할 게 분명했다. 그는 자신의 경험에 대해 이렇게 썼다.

무엇보다 힘들었던 일은 시술 과정에서 환자의 반응을 지켜보는 것이었다. 환자는 온몸이 땀으로 뒤덮인 채 눈물을 흘리고 있었다. 식도를 짓누르는 튜브가 그녀를 고통스럽게 하고 있는 것이었다.

환자가 자신에게 무슨 일이 일어나고 있는지 알고 있을지 궁금했다. 내가 그녀였다면 너무도 두려웠을 것이다. 안 그래도 병마와 싸우느라 고통스러운데 자신의 두려움이나 요구사항을 내비쳐 보일 수도 없다니, 그녀의 비극이 너무도 안쓰러웠다.

얼마나 아플까? 환자도 영양보급관을 원할까? 지금 자신에게 무슨 일이 벌어지고 있는지 알기나 할까? 특히 마지막에 떠오른 이 질문 때문에 정말 힘들었다.

젊은 의사와 간호사가 주위에 달라붙어 몸에 관을 삽입하고, 위장에 구멍을 내는 와중에 무슨 일이 벌어지고 있는지도 모른다면 정말로 무서울 것이다.

마지막으로 뉴욕의 한 TV방송국에서 아침 프로그램의 섭외 담당자로 일하는 제시 웡의 경우를 보자. 섭외 담당자의 주요 업무는 프로그램에 필요한 게스트를 확보하는 일이다. 큰 뉴스거리일수록 게스트를 제일 먼저, 그리고 가장 빨리 확보하는 게 중요해서 스트레스가 장난이 아니었다.

여기까지 들으면 이 사례는 도덕성에 관한 어려움과 크게 연관성이 없어 보일 수 있다. 하지만 예외가 있는데, 그건 비극적인 뉴스의 주인공을 섭외하는 경우로 그런 일이 벌어지면 도덕성에 관한 부담이 극도로 심해졌다.

비행기 추락사고가 발생했다고 가정해보자. 이때 제시의 임무는 인터뷰를 해줄 희생자의 가족을 남들보다 먼저 확보하는 일이다. 그러려면 그 비극적인 사고가 세상에 알려지기도 전에 게스트를 확보해야 한다.

그녀는 수화기를 들고 희생자의 가족에게 애도의 말을 전하면서, 슬프겠지만 그래도 혹시 방송에 출연해서 심경을 말해줄 수 있는지를 물어야 한다.

이런 메시지를 전하며 수화기 너머의 거친 숨소리를 들을 때마다 그녀는 자신의 영혼마저도 연기처럼 사라지는 것 같았다. 유가족들이 울음을 터뜨리기도 하고, 달랠 수 없을 정도로 흥분 상태가 되기도 하지만 어쨌든 그들이 방송에 출연하도록 설득해야 하는 것이다. 더구나 무엇보다도 남들보다 빨리 그들을 설득하는 게 중요했다.

이런 사례는 주어진 임무로 인해 도덕성에 관한 부담을 억지로 극복해야 할 때 겪게 되는 절망의 깊이를 보여준다고 하겠다.

부정적인 감정의 노예

지금쯤은 당신도 행동 패턴을 바꾸려고 할 때 찾아오는 어려움들이 무척이나 버겁다는 사실을 알았을 것이다.

사람들은 새로운 시도 과정에서 정체성, 경쟁력, 분노에 관한 어려움을 느끼면서 주위 사람들이 자신의 변화된 모습을 좋아하지 않을까 봐 두려워한다. 또한 새로 선택한 삶

이 자신의 도덕적 기준에 크게 어긋나게 될까 봐 우려하기
도 한다.

불안, 스트레스, 좌절, 죄책감 등 부담을 맞닥뜨리게 되는
과정에서 느끼는 감정의 기복은 그중에 한두 개만 겪어도
일상생활에 큰 지장을 받게 된다. 그 결과가 어떨지 말할 필
요는 없겠지만, 대표적으로 '마비'가 나타날 수 있다는 점은
꼭 짚고 나가겠다.

마비는 감정에 압도되어 분명하게 사고하고 행동할 능력
을 상실하는 것을 말한다. 배우 휴 그랜트Hugh Grant는 공황
발작을 호되게 겪고 난 뒤에 연기를 완전히 포기할 생각까
지 했던 일을 이렇게 말한 바 있다.

"제대로 공황 발작을 겪었죠. 정말 이상한 병입니다. 놀란
토끼처럼 얼어붙어서 말을 할 수도, 생각을 할 수도 없었죠.
땀은 또 얼마나 흘리는지 몰라요. 일을 마치고 집에 돌아오
면 더 이상 연기는 안 되겠다며 은퇴를 결심하곤 했죠."

감정과잉은 부담스러운 일을 할 때 흔히 나타난다. 연
구를 진행하는 동안 나는 많은 사람들이 감정에 압도되어

자신도 모르게 바보 같이 행동하는 사례를 흔하게 지켜보았다.

심지어 어떤 사람은 대단히 중요한 일을 앞두고 그런 행동들을 한다. 포춘이 선정한 300대 기업에 속하는 회사의 전무이사가 장기근속 사원에게 해고 통보를 하는 와중에 머릿속이 새하얘진 이야기가 있다. 그는 자신과 아주 오랜 기간 호흡을 맞춰 일하며 친분을 쌓아온 관리자를 해고해야 했다.

다른 기업들과 마찬가지로, 그 회사 역시 해고를 에둘러 말하지 않고 부드럽지만 단도직입적으로 통보하는 방법을 매뉴얼로 만들어놓고 있었다. 인사 담당자는 전무가 연습해볼 수 있도록 매뉴얼을 전달했지만, 그는 이를 거절하며 자신이 알아서 하겠노라고 말했다. 그까짓 일이야 자신 있다고 생각한 것이다.

하지만 이미 자기가 해고될 것을 알고 있는 직원이 비참한 얼굴로 방에 들어오는 순간, 그는 그만 꽁꽁 얼어붙고 말았다. 결국 그는 원래 의도대로 부드러운 말로 해고를 통보하지 못하고 덜덜 떨리는 손으로 매뉴얼을 쥔 채 책을 읽듯이 떠듬떠듬 읽어 내려가야 했다.

감정과잉이 눈물로 이어지는 경우도 있다. 눈물 반응 역시 상황을 회피하는 수단의 하나로 자주 쓰인다는 사실을 잊지 말자. 눈물을 잘 흘리는 사람들의 경우, 터져버린 눈물의 영향력이 너무도 큰 나머지 감정이 지나갈 때까지 멈출 수가 없다.

나는 허핑턴포스트 지를 읽다가 이에 관한 아주 딱한 사연을 보았다. 이야기의 주인공은 아들이 다니는 어린이집 원장에게 그곳의 보육 환경에 대해 걱정 섞인 제안을 하는 중에 그만 자기감정에 압도되어 울음을 터뜨리고 말았다.

아들이 다니는 어린이집에서 원장과 이야기하기 시작한 지 5분쯤 되었을까요, 곧 눈물이 터지겠구나, 생각했습니다. 원장에게 내 아들을 깨물고 괴롭히는 다른 아이를 좀 주의 깊게 지켜봐 달라고 요청했습니다. 그런데 원장이 내 걱정을 일축해버렸죠.
"그 또래의 아이들 사이에서 흔히 있는 일이에요. 그리고 그런 행동은 곧 멈출 거예요. 게다가 아드님을 깨무는 아이는 아드님보다 훨씬 몸집이 작아요."
그 순간 내 말을 묵살당했다는 분노와 무시당했다는 실망감이 겹쳐 분노가 치밀었죠. 얼굴이 뜨거워지더니 눈물이 쏟아지고 말았어요.

　지금까지 부담의 벽을 넘어선 상황이 감정을 조금이라도 거슬리게 하거나 마음을 불편하게 했다는 이유로 도전에서 회피로 태도를 바꾼 사람들의 사례를 살펴보았다.

　어떻게든 불편한 상황을 회피하기 위해 할 수 있는 모든 방안을 강구하는 쪽으로 바뀌는 것이다. 다음 장에서는 그러한 우리들의 나약함에 대해 다룰 것이다.

도망칠수록
스트레스인데
도망치고 싶다

사람들은 하고 싶은 일을 해낼 수 없는
수천 가지 이유를 갖고 있지만, 정작
그 일을 할 수 있는 단 하나의 이유만 있다면
그것으로 충분하다는 사실은 모르고 있다.

_ 윌리스 휘트니(Willis Whitney, 미국의 과학자)

우리가 두려운 상황이나 부담되는 업무를 최대한 회피하려는 행동은 극히 자연스러운 현상이라고 할 수 있다. 진화론적으로 말하면, 인류는 바로 그 덕분에 생존할 수 있었다. 곰과 마주치면 곰으로부터, 사자와 마주치면 사자로부터 달아나는 것과 같다.

문제는 우리가 굳이 생명의 위협을 느끼지 않는데도, 이를테면 직장에서 새로운 임무를 부여받거나 못마땅하게 생각하는 사람과 대화를 나눠야 하는 상황에도 회피 반응이 나타난다는 것이다.

어려운 임무를 회피하면 잠깐 동안은 마음이 편할지 모르지만 새로운 기술을 개발한다거나 의미 있는 일에 도전할 기회를 빼앗긴다는 점에서 반드시 버려야 할 습관이다. 그럼 여기서 우리가 그동안 흔히 써온 회피 전략에는 무엇이 있는지 살펴보자.

회피 전략 (1) :
최선을 다해 도망친다

영국의 노인자선단체 AgeUK는 영국인들이 겪는 고독감을 줄이기 위한 캠페인의 일환으로 설문조사를 실시했다. 그 결과, 영국인들의 60퍼센트가 이웃사람들과 친근하게 대화를 나누기보다는 혼자 지내는 걸 더 좋아한다고 대답했다.

또한 대다수 영국인들이 누군가 자기에게 말을 걸어올 것 같은 느낌이 들면 얼굴을 맞대는 일 자체를 피하기 위해 모니터 뒤에 숨기, 전화통화하는 척하기, 못 들은 척하기 등 다양한 방법을 동원한다는 사실도 밝혀냈다. 현대인들은 왜 이렇게 스스로 고립되는 상황을 자초하는 것일까?

사람은 지위가 높아질수록 다른 이들을 통솔하는 위치에 서게 되는데, 이런 일에 대한 스트레스 때문에 극도로 신경이 예민해지는 경우가 많다. 그래서 어떤 사람들은 도저히 피할 수 없는 경우에는 어쩔 수 없지만 대부분의 자리에 누군가를 대신 내보낸다.

유명한 사람들이라 해서 예외가 되지 않는다. 낭만주의 시대를 대표하는 최고 음악가 쇼팽은 대중 앞에 나서는 걸 몹시 두려워해서, 음악가로 살았던 30년 동안 무대 위에 오른 것은 고작해야 40여 차례밖에 되지 않았다.

세계적인 투자가 워렌 버핏Warren Buffett은 평생의 후회로 남은 대학시절의 선택에 대해 밝힌 적이 있다. 그는 다른 사람 앞에 설 필요가 없는 수업만 골라서 수강하며 스스로 인맥 쌓기의 기회를 막아버렸다. 그래서 어쩔 수 없이 대중연설을 해야 할 때는 매번 결과가 엉망진창이었다. 버핏은 이렇게 말했다.

"다른 사람들 앞에 서는 순간 토할 것 같았습니다. 사실 나는 어느 누구 앞에서도 연설 같은 건 하지 않아도 되도록 내 인생을 계획해왔답니다."

회피 전략 (2) :
업무는 어느 정도만, 그러나 너무 잘 해내지는 않는다

하지만 언제나 회피가 가능한 건 아니다. 그래서 어떤 사람들은 업무가 맡겨지면 최소한의 수준까지만 수행하는 방식으로 회피 전략을 구사한다.

예를 들어 어느 기업이 주최하는 마케팅 행사에 참석해서 잠재고객들과 직접 대면하는 대신 SNS를 통해 자기 회사를 소개하는 포스트를 올린다. 회사의 CEO가 연설을 통해 직접 직원들을 격려하는 대신 페이스북으로 격려 메시지를 보내는 것도 회피의 일환이다.

비즈니스맨들의 모임에 참석하기는 하지만 새로운 인물을 만나 대화를 나누는 대신 구석자리에 죽치고 앉아 있거나 화장실에서 시간을 보내는 사람도 있다. 다음 날 출근해서 동료들에게 모임에 참석했다고 말할 수는 있겠지만 실제로 그 모임에서 누구하고도 대화를 나누지 않았다.

이런 식으로 회피 전략을 구사하는 습성이 있는 사업가 댄 골드와 대화를 나눈 적이 있다. 그는 세차기계를 만드는 회사를 세웠는데, 이 회사는 세차 효과를 최대한 높이는 특별한 소프트웨어 시스템을 보유하고 있었다.

소프트웨어를 개발하는 일이 좋았던 댄은 이와 관련된 기회가 오면 절대 회피하지 않았지만 막상 판매가 시작되었을 때, 그러니까 고객들을 상대로 제품의 구매를 설득해야 하는 순간이 왔을 때 돌연 회피 증세가 나타나기 시작했다.

댄은 이 기계가 충분히 고객의 호응을 이끌어낼 수 있다는 사실을 잘 알고 있었지만 누군가의 눈을 똑바로 쳐다보며 수천 달러를 호가하는 상품을 구매해달라고 부탁하는 일은 도저히 엄두가 나지 않았다.

머리로는 자신이 개발한 소프트웨어가 구입할 가치가 충분한 첨단 제품이라는 사실을 널리 알리고 싶었다. 이 세차 시스템을 도입하는 고객은 첫 해에만 수천 달러를 절약할 수 있기 때문에 기계 자체가 구매 비용을 벌어주는 셈이었다.

그러나 고객은 아직 그런 사실을 알지 못하니 직접 홍보를 해야 하는 건 당연한 일인데도, 댄은 고객에게 직접 구매 요청을 해야 하는 상황이 올 때마다 입을 다물고 어떻게든 회피했다.

그건 마치 아름다운 여인을 만나 즐거운 이야기를 나누다
가 그녀도 나에게 반했다는 걸 직감한 순간 입을 다물고 마
는 것과 같았다. 결국 댄은 소프트웨어 판매를 시작하긴 했
지만 수익 창출은 원하는 것보다 훨씬 더디게 이루어졌다.

이 모든 결과는 그가 자기만의 안전지대 안에 웅크린 채
로 모든 게 저절로 이루어지기를 바라는 회피 습관 탓에 일
어난 일이었다.

회피 전략 (3) :
미룰 수 있을 때까지 최대한 미룬다

부담스러운 상황을 회피하는 또 하나의 방법은 그 일을
미룰 수 있을 때까지 최대한 미루는 것이다.

사실 이것은 우리가 늘 하는 행동이다. 집에서도, 직장에
서도 미루는 습관은 늘 현재진행형이다. 어느 설문조사에
따르면 응답자들 중 95퍼센트가 가끔 업무를 미룬다고 응
답했고, 25퍼센트는 습관적으로 할 일을 미뤄 문제가 생길
정도라고 응답했다.

이런 미루기 그룹에는 저명인사들도 포함된다. 빌 클린턴 전 미국 대통령은 미루기 상습범으로 알려져 있다. 타임지에 따르면 클린턴은 연설문 초안의 첨삭 작업을 질질 끌다가 더 이상 미룰 수 없을 때가 되어서야 시작했다고 한다. 그래서 앨 고어 부통령은 그가 마감장애를 겪고 있다고 꼬집었고, 힐러리 클린턴은 '남편에게 일정을 지키게 만드는 건 정말 짜증나는 일'이라고 말하기도 했다.

미국 작가 허먼 멜빌Herman Melville은 상징주의 문학의 최고 걸작이라 불리는《모비 딕Moby Dick》을 저술할 당시 자신이 더 이상 집필 작업을 미루지 못하도록 아내에게 몸을 의자에 꽁꽁 묶어달라고 부탁했다고 한다.

우리 주변에서도 미루는 습관 탓에 쓴맛을 본 사례들을 흔히 만날 수 있다. 앞서 소개한, 페이스북이 출시되기 전에 그와 흡사한 웹사이트를 만든 닐 케네디는 투자자들을 부자로 만들어주고, 그 자신도 큰돈을 벌 수 있는 아이디어를 가졌지만 미루는 습관이 문제였다.

닐은 자신의 작품을 대중에 공개하기 전에 마지막의 마지막까지 완벽을 기하며 여기저기 손보는 것을 훨씬 마음에 들어 했다. 닐은 그렇게 차일피일 미루다가 경쟁자들이 자신을 따라잡고 결국에는 앞질러가도록 허용함으로써 세상을 깜짝 놀라게 할 걸작은 순식간에 휴지조각이 되고 말았다.

미루기 습관은 만국 공통이지만, 그런 습관을 스스로 잘못이라고 인정하는 사람은 얼마 되지 않는다. 대신 우리는 구구한 변명을 늘어놓는다. 실제로는 그저 미루고 회피하기 위한 행동이었음에도 그렇게 해야만 했던 이유를 스스로에게 납득시키려고 하는 것이다.

닐은 신중을 기하고 싶었을 뿐이라고 말했다. 제품의 이곳저곳을 손보느라 오랜 시간을 보낸 이유는 사려 깊고 신중한 CEO가 되기 위해서였다는 변명이다. 또 다른 변명은 완벽한 타이밍을 기다렸다는 것이다. 웹사이트를 발표할 완벽한 타이밍, 진로를 변경할 완벽한 타이밍, 릴리의 경우에는 친구를 해고할 완벽한 타이밍을 기다렸다고 말한다.

회피 전략 (4) :
남에게 책임을 전가한다

만일 위에 열거한 전략들이 실패로 돌아갔다면 유명한 회피 전략이 하나 더 남아 있다. 자신이 해야 할 일을 다른 사람에게 떠넘기는 책임전가다. 이것은 타인에게 나쁜 소식을 전하는 일을 하는 직업군에서 특히 많이 발생하는데, 이 회피 전략으로 인한 부작용에 놀랄 만한 사례가 있다.

뉴저지의 한 화학공장 직원이 회사의 컴퓨터 시스템을 고의로 파괴해서 20만 달러에 달하는 손실을 입힌 사건인데, 알고 보니 이는 경영진의 책임전가가 원인이었다. 그가 사장에게 보낸 편지에서 그 증거를 엿볼 수 있다.

나는 지난 30여 년 동안 회사 경영이 좋을 때나 어려울 때나 충성을 다했습니다. 그래서 적어도 사장이 직접 정리하고 통보를 전하며 미안하다는 한마디 정도는 할 줄 알았습니다. 그런데 일언반구 말도 없이, 심지어 우리가 범죄자라도 되는 것처럼 강제로 쫓아내더군요. 그 몰상식한 행동의 대가를 반드시 치르게 해줄 겁니다.

미국의 컨설팅기업 DDI가 전 세계 유명기업 임원 420명을 대상으로 한 설문조사 결과에서도 책임전가 사례를 찾아볼 수 있다. 설문에 따르면 응답자 열 명 중 여섯 명이 자신이 속한 기업의 인재 육성 속도가 다른 기업과 경쟁할 만큼 기민하지 못하다는 점을 걱정하고 있었다.

문제는, 그러면서도 자신이 직접 인재 육성 과정에 참여하는 건 꺼린다는 것이었다. 응답자의 20퍼센트만이 실제로 인재 육성을 위한 작업에 시간을 쏟고 있다고 답했고, 이 문제를 이사회 안건으로 올렸다고 답한 응답자는 10퍼센트에 그쳤다. 설문조사 담당자는 이렇게 적었다.

"훌륭한 인재를 확보하는 것이 기업에 얼마나 중요한 일인지 잘 알고 있으면서도 임원들이 그 문제를 해결할 책임을 외부로 돌린다는 사실이 놀랍다."

회피의 악순환

지금까지 살펴본 것처럼 부담을 겪지 않고 자기 삶에 의미 있는 일을 펼쳐나가기는 무척 어렵다. 타고난 성격에 맞

회피의 악순환

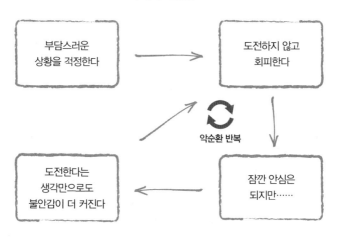

지 않는 행동을 하다 보면 스스로가 위선자가 된 듯한 기분에 빠지거나 자기답지 않다며 어색하고 불안한 감정을 느낄 수도 있다.

아니면 애초에 이 모든 짜증나는 감정들을 느끼게 만든 상황에 분통이 터질 수도 있다. 그는 이렇게 말한다.

"어째서 지금 이곳에 서 있는 그대로의 나로 충분할 수 없는거지?"

당신이 뱀을 무서워하는 사람이라고 하자. 두려움은 당

신을 뱀으로부터 멀리 떨어뜨려 놓는다. 당신은 뱀과 마주칠 때마다 매순간 스스로를 지키기 위해 달아나지만 두려움을 정면으로 마주하려 하지는 않는다.

그래서 뱀을 피해 달아날 때마다 공포는 점점 더 커져 가는데, 그건 뱀을 상대하는 데 필요한 현실적인 대안에서 그만큼 더 멀어졌기 때문이다. 당신이 적극적으로 알려고만 했다면 뱀이 실제로는 그리 두려운 대상이 아니라는 걸 깨달을 수 있었을 텐데 말이다.

위의 도표가 보여주는 것처럼 회피를 반복할수록 두려움은 점점 더 커진다. 당신은 결국 뱀 공포증까지 갖게 되어 이제 모든 일상은 뱀을 피하는 일을 중심으로 설계되기 시작한다.

물론 정말 뱀이 문제였다면 그리 심각한 일은 아닐 것이다. 하지만 그 뱀이 낯선 사람들과 대화 나누기, 대중을 상대로 연설하기, 까다로운 상사에게 보고하기, 부정적인 피드백 전하기 같은 일이라면 회피의 역기능이 악순환을 만들기 시작한다. 직장에서 거둘 수 있는 개인적인 성공은 물론이고 직업적인 성공에 이르기까지 필수적이고 중요한 기회들을 회피하는 데 몰두하기 시작하는 것이다.

스트레스를 주는 상황을 회피할수록 스트레스 지수는 점점 더 높아지게 된다. 이것이 바로 회피의 역설이다. 이 악순환은 앞에 있는 그림 왼쪽의 상자에서 시작된다. 부담스러운 상황이 두려운 당신은 도전을 회피하기 위해 앞서 제시한 전략 중 하나를 시도한다. 이때 회피 전략이 특히 마음에 드는 이유는 그렇게 하는 즉시 효과가 있기 때문이다.

"회피 전략을 쓰니 스트레스를 주는 업무를 하지 않아도 되잖아, 야호! 상황을 피해가는 방법을 알았다!"

그러나 시간이 지남에 따라 다른 상황들을 추가로 마주하게 되는데, 이제 그 일들은 당신에게 거의 금기에 가까운 수준이 되므로 당신의 불안감은 더욱 커진다.

즉, 그 일은 더 이상 당신에게 스트레스에 그치지 않고 적극적인 회피의 대상이 된다. 그러다 보니 한 걸음을 내디뎌 도전에 나서는 게 점점 더 어려워지고, 따라서 성공 가능성은 점점 낮아진다. 시간이 지날수록 당신은 점점 더 회피에 몰두하게 되고, 그 결과 앞장의 도표가 제시한 악순환이 무한 반복된다.

하버드 비즈니스스쿨
인간관계론 강의

Reach

A New Strategy to Help You
Step Outside Your Comfort Zone

성격을 바꾸지 않아도
'일상이 편해지는' 과학적 방법

회사에서 진행 중인 중요한 프로젝트에 의견을 내고 싶지만 멍청한 생각이라며 손가락질 받을까 봐 엄두가 나지 않는다. 인맥을 넓혀야 한다는 사실은 잘 알지만 낯선 사람들과 대화를 나누는 게 몹시 불편해서 어떻게든 피한다. 직장에서 인정을 받으려면 언제든 나서서 자신의 능력을 강조해야 하지만 자기 자랑을 하는 게 어색하기만 하다.

직장인이라면 누구나 겪는 '불편하지만 반드시 필요한 업무'의 목록은 이렇게 끝도 없이 이어진다. 게다가 쉬지 않고 변화하는 생활환경과 직장 분위기는 내성적인 사람의 근무 환경을 더욱 어렵게 만든다.

우리는 살면서 끊임없이 이질적인 문화를 넘나드는 경험을 하게 된다. 기업문화가 전혀 다른 곳으로 이직을 하고, 이제까지 해온 일과는 전혀 다른 직업을 선택하기도 한다. 이 같은 변화는 우리가 맡은 역할과 책임이 확장된다는 걸 의미하며, 그때마다 우리는 부담의 벽을 넘어 새로운 환경에 발을 맞춰야 한다는 것을 뜻한다.

문제는 안전한 웅크림을 벗어나는 일이 대단히 어렵다는 것이다. 남을 기쁘게 하는 걸 낙으로 삼는 사람들은 누군가에게 나쁜 소식을 전해야 하는 일을 결사적으로 회피하고 만다. 불편한 기분을 느끼는 게 싫기 때문이다.

무척이나 내성적인 성격이어서 다른 사람들 앞에 나서는 걸 싫어하는 사람은 자신이 만든 제품을 들고 고객에게 홍보하는 일이 더없이 두렵고, 여러 사람을 모아놓고 상품 설명회라도 하게 되면 눈앞이 캄캄해진다.

더 큰 문제는 이런 상황들이 사회생활을 해나가는 데 피할 수 없는 일이라는 데 있다. 우리는 저마다 자기 분야에서 성장하고 배우고 앞서 나가려고 노력하다 보면 계속해서 부담스러운 상황과 마주하게 되는데, 그때마다 새로운 상황에 적응하고 행동 습관을 바꿀 것을 요구받는다. 따라서 그럴 용기와 능력이 없다면 성공은 남의 이야기가 될 것이다.

이번 장의 목표는 당신에게 안전지대에 관한 새로운 관점을 심어줌으로써 어떤 상황에서든 한 걸음 나아갈 필요성을 느끼도록 만드는 것이다. 이를 통해 아무리 힘든 상황이라도 피하지 않고 당당히 맞서는 당신이 되기를 바란다.

그 첫 걸음의 보폭이 반드시 클 필요는 없다. 사실을 말하자면, 보폭이 커서는 절대 안 된다. 수백 명의 청중 앞에 서는 게 두렵다면 단지 몇 명의 친구들 앞에서, 또는 팀이나 부서의 동료들 앞에서 말문을 열어보자. 지인들 몇 명이 있는 소규모 모임에 참석해서 자기 의견을 피력하는 것도 좋겠다.

자기만의 안전지대를 벗어날 때는 누군가의 도움이 필요하다. 발달심리학의 대가로 꼽히는 러시아의 레프 비고츠키Lev Vygotsky 박사는 이런 식의 도움을 '발판scaffolding'이라고 불렀다.

'scaffolding'라는 말은 원래 고층건물 같이 높은 곳에서 작업할 때 안전하게 일할 수 있도록 설치하는 지지대를 가리키는데, 이번 장을 통해 나는 당신에게 내가 아는 최고의 지지대를 제안하려고 한다. 그것은 행동 전환에 필요한 세 가지 핵심 무기들로, 당신이 부담의 벽을 넘어 한 걸음 도약할 수 있도록 자신감과 용기, 역량을 길러주는 도구가 될 것이다.

1) 자기 확신

당신이 하려는 일과 그 목적에 대해 강한 믿음을 갖는다.

2) 맞춤화

수행하려는 일이 최대한 자연스럽게 느껴지도록 당신에게 딱 맞는 방법을 찾는다.

3) 자아 인식

당면한 도전을 확실하게 이해하고 본인이 흔히 사용하는 회피 전략을 정확하게 인식한다.

이제부터 이러한 요인들을 하나하나 살펴보고, 그 전략들을 어떻게 자신의 상황에 맞게 적용할 수 있는지 알아보자.

3

나만은 나를
응원해주는
마음가짐
[자기 확신]

나는 도박을 좋아하지 않는다.
하지만 내가 기꺼이 믿고 베팅하고 싶은
단 한 가지가 있다면, 그것은 나 자신이다.

_비욘세(Beyoncé, 미국의 가수)

리사 워렌은 교통체증을 뚫고 워싱턴 DC 다운타운에 있는 새 직장으로 차를 몰고 가던 중에 하마터면 고속도로 입구로 우회전을 해서 자신의 집으로 그냥 돌아갈 뻔했다.

규모가 꽤나 큰 싱크탱크 기업에 수석 연구원으로 입사하게 된 그녀의 첫 출근 날이었다. 이 회사는 여러 영역의 전문가들을 모아서 연구 개발을 한 다음, 그 성과물을 해당 분야 기업들에 제공하는 일을 하는 곳이었다.

리사는 이 회사가 자신이 일하기엔 너무 큰물이라고 생각하고 있었다. 아이비리그 대학을 졸업한 그녀는 한때 유명한 컨설팅기업에서 근무했으며, 얼마 전에는 하버드 공공정책 대학원에서 석사과정을 마쳤으니 의심할 여지가 없는 인재였다.

하지만 이 회사로 옮기면서, 그녀는 자신이 사기꾼 같다는 느낌을 지울 수 없었다. 이 회사에서 R&D연구 개발 부문의 총책임을 맡을 예정이었는데, 그녀에게는 관리자 경력이 전무했고 연구 경험도 미미했으며 박사학위도 없었다. 그 세 가지가 기존의 수석 연구원들이 지녀야 할 전형적인 경력인데도 말이다.

그녀의 나이도 문제였다. 이제 스물여덟 살인 그녀는 적어도 열다섯 살은 더 많은 연구원들과 어깨를 나란히 하고 일하게 되었다. 게다가 그녀의 전임자는 50대 중반에 박사학위 보유자였으니 어느 모로 보나 격에 맞지 않는 자리였다.

리사는 자신에게 맞지 않는 옷을 입은 것 같이 불편했다. 혹시 채용 과정에 문제가 있었던 건 아닐까? 여러 차례 면접을 거쳤기 때문에 회사에서 그녀가 누군지 모를 리는 없겠지만 그래도 뭔가 착오가 있었던 게 아닐까?

그녀는 회사가 채용한 사람이 자신이 아니라 다른 리사 워렌이었을지 모른다는 생각까지 들었다. 자신보다 자격 요건이 훨씬 좋은 리사 워렌이 따로 있었는데 채용 확정 이메일이 실수로 나에게 온 게 아닐까?

온갖 걱정과 자신의 능력에 대한 회의와 불안감, 사기꾼

이라는 사실이 발각되면 어쩌나 하는 두려움이 한데 겹쳐
져서 첫 출근을 앞둔 그녀의 기분은 엉망진창이었다. 그녀
는 심지어 출근하지 말고 이대로 지구 끝까지 도망쳐버릴
까 하는 생각까지 했다.

하지만 리사는 결국 정확한 출구를 찾아 회사로 향했다.
그녀의 뼈마디 하나하나가 회피를 속삭일 때 그녀를 도전
으로 이끈 것은 단 하나, 바로 '자기 확신'이었다.

꼭 부담스러운 일에 나서야 할 이유가 없다면, 그러니까
인맥이 당신의 커리어에 중요한 요소가 아니고 동료들과
나누는 대화가 업무에 그리 중요하지 않으며 자신감 넘치
는 태도가 당신의 성과와 아무 관련이 없다면, 굳이 도전의
어려움 같은 건 생각할 필요조차 없을 것이다.

하지만 당신이 이 책을 집어 들었다는 것은 벽 너머에 당
신이 더 잘하고 싶은 뭔가가 있다는 걸 뜻하며, 그런 당신에
게 자기 확신의 힘이 반드시 필요하다는 걸 의미한다.

여기서 말하는 자기 확신은 당신이 하려는 행동의 목적
에 대한 확고한 믿음으로, 그 목적이 어떤 고통과 스트레스
라도 전부 감내하면서 성취할 만한 가치가 있다는 생각이

다. 미국의 목사 해리 에머슨 포스딕Harry Emerson Fosdick은 자기 확신에 대해 이렇게 말했다.

"사람들은 돈이 걸린 일이라면 노력을 합니다. 타인을 위한 일에도 노력하죠. 그러나 대의가 걸린 일에는 더욱 최선을 다합니다."

대의란 인간으로서 꼭 지키고 행해야 할 큰 도리를 가리킨다. 리사의 도전 역시 같은 맥락에서 이해할 수 있다. 환경 분야 및 기업의 사회적 책임 분야에 대해서는 그녀가 누구보다 실력 발휘를 할 수 있었기 때문이다. 그녀는 대학에서 환경학을 전공했고, 미국의 천연자원 보존을 위한 환경보호단체인 시에라 클럽Sierra Club에서 인턴십을 수료했다.

새로운 직장은 의심할 여지없이 그녀를 두렵게 만들었지만, 리사의 말을 빌리자면 그건 '신나는 긴장감'이었다. 맡은 업무에 아직은 제대로 준비되어 있지 않다는 기분이 그녀를 괴롭혔지만, 그럼에도 이제부터 하려는 일은 그녀가 중요하게 여기는 대의와 깊은 관련이 있었다. 그런 확신 덕분에 리사는 자신을 불편하게 하는 감정을 극복해낼 수 있었다.

목적 하나 달라졌을 뿐인데

자기 확신은 개인의 성장 경험을 통해 자라나기도 하는데, 예를 들어 특히 남들이 힘들어하는 과제를 완수하고 나면 자존감이 급속히 향상되고 자기 삶에 대한 확신이 커진다.

그런가 하면 타인을 돕기 위해 부담을 감수하려는 사람들도 있다. 많은 사람들이 꺼려하는 기금 모금 활동을 예로 들어 보자.

펜실베이니아대학 와튼스쿨의 애덤 그랜트Adam Grant 교수는 기금 모금 담당자들에게 자기가 하려는 일에 대한 확신을 심어주는 것만으로도 직무 능력이 크게 향상된다고 말한다.

그랜트 교수가 기금 모금 담당자들과 그들의 노력 덕분에 장학금을 받게 될 사람들이 만날 수 있도록 자리를 주선했더니 업무에 대한 확신이 커져서 담당자들의 끈기와 모금액에 크게 영향을 미쳤다.

만남의 시간은 고작 5분이었지만 담당자들의 모금 상담 전화 시간은 다른 직원들에 비해 두 배, 모금액은 거의 세

배 가까이 많았다. 무엇보다도 확신의 힘이 컸고, 대의에 기
여하고자 하는 의지 역시 중요한 역할을 했던 것이다.

콜롬비아대학의 마이클 모리스Michael Morris 교수는 여성
들이 자기 자신을 대변할 때보다 친구나 부하직원을 대변
할 때 훨씬 더 적극적으로 행동한다고 말했다.

기업에서 임금 협상을 할 때, 여성들이 요구하는 금액은
남성들에 비해 평균적으로 7,000달러 정도는 적다고 한다.
그러나 여성들이 동료를 대신해서 임금 협상을 할 때는 남
성들과 대등한 수준의 금액을 요구한다고 한다.

이런 사례를 통해서도 목적의식이 클 때 고통을 감내하
는 일이나 목적을 성취해내는 일이 훨씬 더 성공적으로 이
루어진다는 사실을 알게 된다.

경찰, 중독치료사, 의사 같은 직업에 종사하는 사람들은
상대방에게 꼭 전할 필요가 있지만 막상 전달하기는 어려
운 말이나 행동을 해야 한다는 직무상의 공통점이 있다. 이
들을 대상으로 진행한 연구에서, 앞서 소개한 연구 결과와
흡사한 확신의 힘을 발견할 수 있었다.

자신의 행동에 대한 높은 목적의식과 자신의 삶이나 타

인의 상황을 개선할 수 있을 거라는 확신이 그들로 하여금 고통스러운 수술, 정리 해고, 퇴거 조치 등 힘든 임무를 더 적극적으로 수행하게 했는데, 바탕에 깔린 확신이 없었다면 그런 일들은 대단히 힘겨웠을 것이다.

가령 자기 확신은 경찰관들에게 불법 거주자들을 강제 퇴거시키는 과정에서 분별력을 잃지 않게 하는 정신력의 근원이 되었다.

나는 어느 날 두 명씩 짝을 지어 하루 20건의 퇴거 조치를 실행하는 경찰관들을 따라나섰다. 그들은 방탄조끼를 포함한 안전장비를 착용하고 도시에서 생활 수준이 가장 열악한 지역으로 들어가 불법 건물에 거주하는 사람들을 강제로 퇴거 조치를 집행하는 임무를 맡고 있었다.

거기서 나는 자신이 맡은 임무에 대한 확신이 경찰관들로 하여금 누군가의 집으로 밀고 들어가 즉각 퇴거할 것을 통보할 때 느끼게 되는 고통을 감소시키는 역할을 한다는 사실을 알 수 있었다. 한 경찰관이 내게 이렇게 말했다.

"아무리 딱한 처지의 시민이라도 그들을 강제로 퇴거시켜야 하는 우리의 임무가 법질서를 수호하는 것이며, 나아가 우리 도시를 위한 일이라는 걸 알기에 그들과 대면해야 하는 고통을 극복하게 해줍니다."

자기 확신의 힘은 소아외과 의사들한테서도 발견할 수 있었다. 어린아이들을 상대로 치료를 진행해야 할 때, 의사로서 경험하는 고통을 자기 확신의 힘으로 이겨내는 것이다. 한 의사는 이렇게 설명했다.

"아이가 폭발하듯이 우는 걸 아무렇지 않게 바라볼 수 있었던 적은 한 번도 없습니다. 하지만 반드시 해야 하는 일이라는 확신이 커질수록 점점 견딜 만하더군요."

이 책에서 만나는 다양한 사례 속의 주인공들이 자기 확신의 힘을 활용했다는 사실은 그리 놀랍지 않다. 애니 존스를 기억하는가? 그녀는 고액 자산가들을 상대로 투자 서비스를 안내하는 어카운트 매니저로, 그녀의 포트폴리오 매니저인 릭 슈미츠가 동료와 고객들 앞에서 그녀를 여러 차례 무시하고 망신을 주고 있었다.

그럼에도 애니는 그에게 항의는커녕 입도 뻥긋 못했다. 자신이 징징대며 불평불만을 일삼는 사람으로 낙인찍힐까봐 두려웠고, 무엇보다도 자신의 기분을 전하는 도중에 감정적으로 무너질까 봐 겁이 났다. 그건 동료에게 무시당하는 것보다 더 수치스러운 일이었다.

하지만 애니는 결국 그에게 하고 싶은 말을 했고, 결과는 대성공이었다. 이 일을 계기로 애니는 금융업계와 같이 남성주도적인 분야에서 여자로서 성공을 거두려면 무엇보다 자기 스스로가 자신의 응원군이 되어야 한다는 사실을 알게 되었다.

시간이 지날수록 애니는 그런 결단과 행동이 꼭 필요한 일일 뿐더러 합당한 행동이라는 사실을 깨달았다. 하지만 생각이 거기에 미치기까지는 시간이 많이 걸렸는데, 이유는 이전에는 이 정도까지 적극적으로 행동해도 괜찮은지 확신할 수 없었기 때문이다.

애니의 부모님은 부당한 일을 당할 때 적극적으로 맞서라고 가르치지 않았고, 오히려 그 반대였다. 그녀는 평소엔 말을 아끼고 꼭 대답해야 할 때만 입을 열라고 가르친 엄격한 가톨릭 집안에서 자랐다. 그런 성장 배경과 타고난 소심함이 합쳐져 처음 얼마 동안은 동료에게 맞서는 게 잘못이라는 기분을 느끼고 있었던 것이다.

그러나 시간이 지남에 따라 그런 관점은 바뀌었다. 애니는 릭의 잘못을 지적하는 게 자신의 상한 감정을 표출하고 회사에 어떤 악영향을 끼쳤는지에 대해 설명할 기회라는 사실을 깨달았다.

만약 애니가 릭에게 그의 행동이 자신에게 어떤 기분을 느끼게 했는지 꼬집을 용기를 내지 않았다면, 그녀는 언제까지나 자신만을 탓했을지도 모른다.

하지만 애니는 자신이 누구로부터도 함부로 대접받는 존재여서는 안 된다는 사실을 알고 있었다. 안전지대 밖으로 나서는 것이 자신에게도, 그리고 회사에도 좋은 일일 뿐더러 그것이 정당한 행동이라는 사실을 깨닫게 되자 스스로의 힘으로 자신의 울타리를 벗어날 용기를 냈던 것이다.

릴리 역시 용기를 내 자기 확신의 힘에 의지했다. 그녀는 절친한 친구에게 해고 통보를 해야 하는 숙제를 앞두고 있었다. 릴리가 결심을 굳히게 된 이유는 기업의 성공 여부에 크고 작은 영향을 받을 사람들이 존재하기 때문이었다.

사업을 시작하면서 릴리는 부모님과 친척들에게 돈을 빌렸다. 그 돈은 사업을 통해 창출할 수익으로 갚아야 할 돈이

었다. 여기다 릴리는 이 회사에 투자한 벤처 투자자들에게
도 빚을 지고 있었다.

제일 중요한 건 직원들이었다. 직원들 중에는 비즈니스
전망을 보고 고소득 직장도 버리고 이직해온 사람도 있었
다. 릴리는 그들을 실망시키고 싶지 않았다.

친구를 해고해야 하는 상황이 참을 수 없을 만큼 어려운
일이긴 해도, 그 일의 타당성과 필요성에 대한 확신은 모든
걸 감당할 만한 것으로 만들어주었다.

앞서 소개한 펜실베이니아대학의 애덤 그랜트 교수는 최
근 자신이 겪은 일을 페이스북에 올렸다. 그는 베스트셀러
작가이자 와튼스쿨의 최연소 교수로 널리 알려진 인물이기
에 너무도 많은 사람들이 그의 말을 들어보고 싶어 했다.

그럼에도 그는 대중 앞에 나서는 걸 극도로 두려워하는
사람이었는데, 한 사람의 교수로서 강의뿐만 아니라 다양
한 외부활동을 해야 하는 입장으로 볼 때 그런 공포증은 반
드시 극복해야만 했다. 그는 맨 처음 청중 앞에 섰을 때의
경험을 다음과 같이 썼다.

나는 학생 때 수업 시간에 손을 들어 발표하는 상상만으로도 심장이 터질 것 같은 소심한 사람이었다. 그래서 성인이 되어서도 어떻게든 다른 사람들 앞에 서는 걸 회피했는데, 수년 전에 강연 요청을 받고 얼떨결에 승낙하는 실수를 저지르고 말았다.

당시 나는 어찌할 바를 몰랐다. 연설이 있기 몇 주 전에는 연단에 선 채 연설 내용을 잊어버리는 악몽을 꿨고, 그때마다 식은 땀을 흘리며 잠에서 깼다. 수도 없이 연습을 했음에도 연설 사흘 전부터는 거의 숨을 쉴 수 없을 정도로 긴장한 채 하루하루를 보냈다.

하지만 나는 연설을 앞두고 패닉에 빠졌을 때도 연설을 하지 않으려는 이유와 맞서느라 에너지를 허비하지 않았다. 대신 '내가 청중에게 전달하려는 메시지는 정말 중요한 내용이다. 여러 가설들을 반박하고, 실천 가능한 아이디어를 제공하고, 청중을 웃게 만드는 게 즐겁다'와 같이 연설을 해야 하는 이유에만 집중했다. 열정이 커지자 불안은 자연스레 사라지고 누구에게도 당당한 내가 되었다.

마지막으로 성공회 목사 바바라 해리스의 사례를 소개하겠다. 지금까지 우리는 부담을 벗어나는 일의 어려움에 대해 이야기를 해왔는데, 그녀의 이야기는 조금 다르다.

그녀는 임종을 앞둔 환자 가족들의 요청을 받고 병원에 가서 슬프고도 무거운 이별의 의식을 치러야 했는데, 그것이 그녀에게는 버거운 일이었다.

우리는 종종 사제나 목사, 랍비 같은 성직자들은 우리와 똑같은 인간이라는 사실을 잊어버리곤 한다. 하지만 그들 역시 편안하지 않은 임무를 맡았을 때는 불안감과 두려움 때문에 멀찌감치 도망치고 싶은 충동을 느끼는 인간인 것이다.

바바라 역시 마찬가지였다. 그녀가 아이들과 시간을 보내거나 저녁식사를 준비하고 있을 때 이런 전화가 걸려온다.

"목사님, 늦은 시간에 죄송합니다. 혹시 지금 병원에 오실 수 있을까요? 저의 사촌이 임종을 앞두고 있는데, 시간이 얼마 남지 않은 것 같습니다."

그러면 그녀는 무슨 일을 하고 있든지 간에 당장 멈추고 곧바로 병원으로 향한다. 그 순간 그녀를 가장 힘들게 하는 것은 그 상황의 압도적인 무게감이다.

누군가 죽어가고 있고, 슬픔에 잠긴 가족들이 곁을 지키고 있는데 그 자리를 함께 해야 하는 것이다. 품위 있고 용기 있게 일을 해내고 싶은 마음이 간절하지만 무슨 일이 벌어질지 모른 채 계단을 올라 문의 손잡이를 돌릴 때 문득 이런 의심이 든다.

"내게 이런 일을 할 자격이 있을까? 내게 이토록 엄숙한 의식을 치를 권리가 있나?"

물론 그 의문에 대한 답은 정해져 있다.

"나는 한 사람의 목사이고, 이게 내가 할 일이다."

확신이 빛을 발하는 건 바로 그 순간이다. 적어도 바바라에게는 그랬다. 그 일이 그토록 어렵게 느껴지는 바로 그 순간에 바바라를 지탱해준 것은 그녀가 지닌 소명과 신에 대한 확신이었다. 신께서 이 역할을 맡기기 위해 그녀를 세상에 보냈으니, 그게 바로 그녀가 해야 할 일이었다. 게다가 바바라는 혼자가 아니었다. 신께서 그녀와 함께 하기 때문이었다.

그녀는 손잡이를 돌려 문을 열고 안으로 들어선다. 기도서를 넘기며 전력을 다해 자기 안에 존재하는 신에게 기도한다. 그러면 신은 내내 그녀와 함께 하며, 그녀가 성공적으로 임무를 완수할 수 있도록 품위와 용기를 선사한다.

실존주의 사상의 선구자인 덴마크의 철학자 키에르케고르_{Søren Kierkegaard}는 이런 말을 남겼다.

사람에게 중요한 것은 내가 무엇을 알아야 하는가가 아니라 내가 무엇을 해야 하는지를 분명하게 세우는 것이다. 인생에서 제일 중요한 일은 나 자신이 누구인지 분명하게 파악하는 것이며, 세상이 내가 어떤 일을 하기를 바라는지 아는 것이다. 그리고 내가 무엇을 위해 살고, 무엇을 위해 죽어야 하는지를 정확히 아는 것이다.

'인생에서 가장 중요한 일'을 이루기 위해서는 있는 그대로의 자기 자신에 대한 믿음을 가져야 한다는 뜻이다. 나는 키에르케고르의 이 말을, 당신이 두려움을 감수하기로 결심했다면 그 무엇보다 자기 확신이라는 무기가 필요하다는 말로 받아들이라고 권하고 싶다.

내성적인 사람도
인간관계의 달인이
되는 전략
[맞춤화 전략]

내게도 물론 불안정하고 약한 부분이 있다.
하지만 나는 그 점을 꺼내서 지적하는 사람과
굳이 어울리지 않는다.

_ 아델(Adele, 영국의 가수)

루시는 마감이 사흘 뒤인 보고서를 거의 마무리하는 중이었고, 이번 주까지 끝내야 하는 다른 업무들도 내일이면 거의 마칠 수 있을 것 같았다.

루시에게 이 정도는 그저 일상적인 업무량이었다. 어려서부터 공부를 잘했던 루시는 와이오밍 주의 작은 시골마을을 떠나 예일대학을 거쳐 하버드 비즈니스스쿨을 마치고, 지금은 뉴욕의 경영컨설팅 기업에서 일하고 있다.

그녀는 현재 업무를 잘 수행해서 장차 회사의 인정을 받고 언젠가는 임원으로 승진하는 꿈을 품고 있었다. 세계적으로 명성 높은 이 회사는 명문대학 출신의 인재들로 가득했지만, 루시만큼 능력이 출중한 사람도 드물었기에 그런 야심은 당연한 일이었다.

계량경제학을 전공한 그녀는 여기에 수학과 경영학을 복

수 전공하면서도 예일대학을 3년 만에 조기 졸업했다. 더구나 그녀는 3개 국어에 능통할 만큼 언어 구사능력이 뛰어났다.

미국에서 자랐기 때문에 영어는 모국어였고, 집에서는 중국인 부모님과 중국어로 대화했으며, 독일계 미국인 고등학교를 다녔기 때문에 독일어에도 능통했다. 독일계 학교를 선택한 것은 비즈니스 쪽으로 진로를 정한 딸에게 도움이 될 거라 생각한 부모님의 결정이었다.

모든 상황이 루시에게 유리했다. 단 한 가지만 빼고 말이다. 게다가 그건 꽤 심각한 일이어서 문제였다. 그녀는 회의 시간에 자기 의견을 내는 걸 두려워했고, 사람들과 어울리는 걸 극도로 회피했다.

엄격한 부모님 슬하에서 자란 그녀는 어려서부터 위계질서를 강조하는 가풍에 길들여져 있었다. 부모님은 누군가 말을 걸어와 대답을 해야 하는 상황이 아니라면 먼저 입을 열지 말라고 가르쳤다.

게다가 타고난 수줍음도 겹쳐져서 다른 사람들 앞에서 자기 생각을 드러내는 게 너무나 힘들었다. 선생님들은 루시가 초등학교 1학년 때부터 그녀의 출중한 재능을 칭찬했지만, 이구동성으로 하는 말이 좀 더 적극적인 학생이었으면 좋겠다는 평가였다.

만약 루시가 부모님처럼 교육계로 진로를 택했더라면 그녀의 소심하고 내성적인 성격은 직업적으로 궁합이 잘 맞았을 것이다. 제자들을 가르치는 한편으로 홀로 연구실에 틀어박혀 훌륭한 논문을 쓰면 사람들의 존경을 받을 수 있었을 테니 말이다. 그러나 그녀는 그러지 않았다.

경영컨설팅 분야에서 성공하기 위해서는 적극적인 자기 PR이 필수였다. 신입 컨설턴트라면 더욱더 회의에 적극적으로 참여해서 존재감을 드러내는 게 필요했다. 하지만 그런 식의 자기표현은 그녀에게 너무도 버거운 이야기였다.

그중에서도 제일 큰 스트레스는 회사의 고위직 임원들과 자주 토론을 벌여야 한다는 것이었다. 큰소리로 동료의 이름을 부르는 일조차 힘들어하는 그녀가 고위직 임원들 앞에서 자신의 아이디어를 주장하고, 홍보하고, 방어하고, 심지어 다른 사람의 아이디어를 비판까지 해야 한다.

그건 루시가 움켜쥐고 있는 안전한 영역을 크게 벗어나

는 일이기에 회사를 그만둘 생각까지 했었다. 하지만 그녀는 자신의 일을 진심으로 사랑했다. 그리고 솔직히 말하면, 적어도 지금은 회사를 그만둘 수가 없었다. 그녀의 성취를 너무나 자랑스러워하는 가족들을 실망시킬 수 없었기 때문이다.

자신을 내세우지 않는 조용한 성향과 회사에서 요구하는 적극적이고 직접적인 소통 방식 사이의 격차가 너무도 컸음에도, 결과적으로 루시는 직업적으로 성공을 거둘 수 있었다.

이번 장에서 그녀의 사례를 특히 더 중요하게 다룬 이유는 그녀가 성공을 거둘 수 있었던 특별한 방식 때문이다. 물론 자기 확신도 한 몫을 했다. 루시는 자기 자신에 대한 자신감, 강력한 성취 열망, 가족이 느끼는 자부심 등 다양한 이유로 이 회사에서 어떻게든 성공을 거두고 싶었다.

그녀가 성공하게 된 이유는 자기 확신 하나만이 아니라 내가 '맞춤화customization'라고 부르는 전략 덕분이었다. '특별 주문 제작'이라는 뜻을 가진 'customization'은 이 책에서는 자신의 행동을 자기 성향에 맞게 이리저리 다듬어 현재의 조건과 환경에 맞추는 것을 가리킨다.

생각해보면 우리는 지금 맞춤화된 시대를 살고 있다. 각자의 개성을 담은 맞춤형 로고를 사용하고, 입맛에 맞는 맞춤형 카페라테를 주문한다. 코트, 청바지, 심지어 책까지 맞춤형으로 제작하고 컴퓨터, 핸드폰, 태블릿 PC도 맞춤 설정해서 사용한다.

내게 딱 맞게 설정된 컴퓨터로 일하면서 초콜릿과 시리얼을 입맛에 딱 맞게 조합해서 우적우적 씹어 먹기도 한다. 소비재 시장은 더 이상 천편일률적이지 않다는 얘기다.

행동 습관을 바꾸는 방법 역시 마찬가지다. 루시의 사례에서 볼 수 있듯이, 직장에서 성공하기 위해 그녀가 활용한 전략은 한두 가지만이 아니었다.

이번 이야기의 핵심은 목표를 달성하기 위한 자기만의 방법을 찾아내는 것이다. 그것이 바로 직장에서 성공하기 위해, 그리고 부담의 벽 너머로 나가는 법을 배우기 위해 루시가 시도한 방법이기도 하다.

루시는 무엇보다 먼저 대화법에 맞춤화 전략을 적용했다. 입사 초반에 루시는 선배 컨설턴트들의 자신감 넘치는 모습에 주눅이 들었다. 그들은 논쟁 중에 상대의 허점을 지적하며 "그건 헛소리야!", "그 따위 얘기를 누가 믿겠어?" 같은 말을 마구 쏟아냈다.

이런 식의 화법은 무엇보다도 자기주장을 훨씬 더 확신 넘치고 직설적으로 들리게 했다. 하지만 그런 화법이 루시에겐 안전감을 훨씬 벗어나는 일이기에 흉내조차 낼 수 없었다.

대신 루시는 자신에게 어울리는 방식으로 화법을 조금 바꾸면 남의 의견을 반박하는 게 훨씬 편할 것 같았다. '그건 헛소리야!'라는 식의 공격적인 말투 대신 이런 식으로 말하는 것이다.

"저는 그렇게 생각하지 않지만, 무척 흥미로운 의견이군요. 당신이 그렇게 생각하는 이유에 대해 자세히 말씀해주시겠어요?"

공격적인 표현과 마찬가지로 이런 말투는 상대방으로 하여금 그녀의 말에 귀를 기울이게 하는 효과가 있다. 게다가 그녀의 입장에서는 그 정도만 해도 굉장히 부담을 느끼는 일이었는데, 그러면서도 자신이 가짜 같다는 자괴감에 시달리지 않을 수 있어 좋았다.

루시가 활용한 또 하나의 맞춤화 전략은 회의에 참석할 때 유리한 자리에 앉는 것이었다. 그녀는 회의를 할 때 가급적이면 고위직 임원이나 회사에 영향력이 큰 고객 부근에 앉으려고 했다. 그들은 궁금한 점이 있을 때 바로 옆자리에 있는 사람에게 질문한다는 사실을 알았기 때문이다.

그 결과 루시는 고객은 물론이고 임원들에게도 예의바르고 실력 있는 사람이라는 평가를 받을 수 있었다. 결국 루시는 그런 노력이 쌓여 승진을 했다. 스스로 찾아낸 맞춤화 전략들이 제대로 먹힌 것이다.

맞춤화 전략을 말할 때, 나는 더 실감나게 설명하기 위해 양복을 비유할 때가 많다. 백화점 양복 코너로 가서 새 정장을 한 벌 고른다고 해보자.

진열대에서 아무 옷이나 곧바로 집어 들어도 몸에 맞춘 듯이 꼭 맞는 옷을 손에 넣을 수 있는 사람들이 간혹 있지만, 나를 포함한 대부분의 사람들은 옷을 줄이거나 수선을 해야 꼭 맞게 입을 수 있다.

마음에 드는 옷이 당신을 위해 만들어지진 않았지만, 그 옷을 마치 처음부터 당신을 위해 만들어진 것처럼 만들 수 있다는 사실을 기억하자. 일상에서든 직장에서든 당신이 낯설게만 느끼는 부담스러운 상황 역시 같은 방식으로 바꿀 수 있다.

아주 작은 것이라도 각각의 상황에 맞는 대안을 찾을 수 있고, 옷을 수선하는 것과 마찬가지로 다른 사람들은 눈치채지 못할 변화들을 통해 더 편안하고 자신감 넘치고 유능한 사람으로 변할 수 있음을 기억하자.

맞춤화 전략의 또 다른 사례는 배우들의 연기다. 작가가 쓴 대본이 배우들에게 주어지는 역할과 완전히 일치하는 경우는 드물다. 배우가 그 역할을 자신에게 맞춰 자연스럽게 연기할 수 있도록 해석의 여지를 주기 때문이다.

이는 배우가 배역에 중대한 영향을 미치지 않을 정도로 조금씩 다듬을 수 있게 허용한다는 뜻이다. 대사나 몸짓을 조금 바꾸는 것도 방법이 될 수 있다. 의상에 변화를 주거나 소품을 추가할 수도 있다.

인생에서 맡은 배역을 내게 맞게 바꿀 때도 이 방법을 활용할 수 있다. 이 방법은 특히 부담을 뛰어넘어 성장과 발전을 모색하는 과정에서 한층 더 '나다운' 경쟁력과 자신감을 높이는 데 도움을 준다.

맞춤화 전략의 가장 큰 장점은 상황을 내게 유리하게 활용할 수 있다는 점이다. 도저히 못 해낼 것 같은 힘든 상황에 직면했을 때 우리는 무력감을 느낀다. 그러나 나에게 유리하도록 상황을 바꾸고 조종할 힘이 있다는 사실을 알고 나면 금세 자신감이 생긴다.

이제 루시를 롤모델 삼아 우리가 활용할 수 있는 맞춤화 전략의 도구에는 무엇이 있는지 살펴보자. 상황을 내게 유리한 쪽으로 이끌어가려면, 불안감을 줄이고 더 효과적으로 맡은 역할을 수행하려면, 그리고 부담을 이기고 성공에 한 걸음 더 가까이 다가가려면 어떻게 해야 할까? 당신이 루시가 되어 다음에 소개하는 전략들을 직접 활용해 보기 바란다.

1. 언어 습관을 바꿔라

루시의 사례에서 보듯이 당신의 능력을 발휘할 수 있는 맞춤화 전략의 가장 간단하면서도 강력한 방법은 언어 습관을 맞춤화하는 것이다. 예를 들어 당신이 칭찬에 인색한 사람이라고 하자. 그리고 주위 사람들이 그런 점에 불만을 품고 있다는 사실을 알게 되었다고 하자.

사실 당신은 원래 칭찬을 하지 않는 데다 직원들의 업무 능력이 특별히 칭찬할 만한 수준이라고는 생각하지 않는다. 이를 꽉 물고 억지로 칭찬의 말을 짜내볼 수도 있겠지만, 그건 진심도 아니고 억지로 칭찬하다가 마음속에 도사리고 있던 화가 치밀지도 모를 일이다.

그러니 섣불리 칭찬을 늘어놓았다가는 그런 감정이 말속에 고스란히 묻어날 게 뻔하다. 어떻게 해야 할까? 한 가지 방법은 상황에 맞게 언어 습관을 맞춤화하는 것이다.

예를 들어 직원들에게 "아주 잘했어!"라든가, "훌륭하게 해냈군!" 등 최상급의 칭찬을 하는 게 싫다면 "덕분에 고객이 굉장히 기뻐하더군!" 같이 중립적인 입장이 되어 표현해보자. 이런 표현은 야단스럽지 않으면서도 당신을 불편하게 만들지 않는 선에서 원하는 메시지를 전달할 수 있게 한다.

육사생도 제인 레디도 비슷한 방식으로 자기에게 맞는

화법을 찾아냈다. 동료 남자 생도들이 신입 생도들에게 큰 소리치며 질책하는 걸 제인이 무척 불편해했다는 사실을 기억할 것이다.

후배들을 함부로 모욕하는 방식으로 원하는 걸 얻고 싶지 않았던 제인이 찾은 해결책은 우리가 지금까지 이야기한 방법과 일맥상통한다. 그녀의 말투는 다른 사람들보다 훨씬 부드러웠지만, 사용하는 단어와 어조에 주의해서 메시지가 분명하게 전달되도록 했다.

제인은 루시가 그랬듯이 질문을 던지는 방식으로 갈등을 해결하려고 노력했고, 후배 생도들에게 모욕을 주지 않으면서도 냉정한 카리스마로 그들을 통제하고 싶었다. 그래서 그녀는 생도들에게 이런 식으로 질문을 던졌다.

"군화만 광을 내고 벨트 버클에는 내지 않은 이유는 다른 뜻이 있기 때문인가? 우선순위를 정하는 데 애를 좀 먹었나? 그런 게 아니라면 왜 벨트는 빼고 군화만 광을 냈지?"

그러자 후배 생도는 제인의 말을 재빨리 알아듣고 즉시 시정하겠다는 답을 내놓았다. 눈물도 없었고, 갈등은 더욱 없었다. 이로써 자신에게 맞는 스타일을 찾을 수 있었고, 그녀가 원하는 대로 후배 생도들을 이끌 수 있었다.

여기 또 다른 사례가 있다. 리즐리는 뉴욕에서 크게 성공한 인터넷기업 창업자다. 처음 만났을 때, 그녀는 자신이 숫자에는 영 소질이 없다고 말하며 이렇게 덧붙였다.

"벤처 투자자들 앞에서 회사를 홍보해야 할 때, 대부분의 투자자들이 알고 싶어 하는 것은 이익률이나 회수율 같은 숫자에 관련한 이야기라 늘 애를 먹는답니다. 내가 자신 있는 분야는 통통 튀는 아이디어를 바탕으로 사업 아이템을 개발하는 기획 분야입니다. 나는 평소에 다양한 분야의 글을 많이 읽어왔어요. 역사, 예술, 물리학, 고전문학에 이르기까지 거의 모든 분야를 섭렵했습니다. 그렇게 얻은 아이디어들을 창의적으로 엮어내는 일에는 타고났다고 자부합니다."

그녀는 투자자들에게 강한 인상을 남겨야 한다는 사실을 알기에 숫자를 논하는 대신 자신의 폭넓은 상식에서 나오는 다양한 아이디어를 가지고 멋진 이미지를 남기기로 했다.

"나의 비즈니스 전략의 차별성은 투자자들이 한 번도 들어본 적 없는 새로운 방식으로 그들의 생각을 일깨운다는 것입니다. 예를 들어 유명한 TV 방송에서 다룬 어떤 콘텐츠로 화두를 던진 다음, 뉴욕에 모바일을 이용해 이용자와 운행자를 연결해주는 헬리콥터용 우버 서비스Uber services를 운영 중인 신생기업이 있다는 사실과 그 콘텐츠의 연관성을 설명합니다. 그 다음엔 그 두 가지를 우리 회사가 내세우는 비즈니스의 핵심 요소에 연결해서 설명합니다. 대부분의 투자자들은 이런 식의 차별화된 소통 방식에 강한 인상을 받습니다."

그녀는 스토리텔러라는 자기만의 특별함을 자신 있게 보여줌으로써 투자자들의 관심을 끌고, 그것을 비즈니스에 연결하는 맞춤화 전략을 구사하고 있는 것이다.

2. 보디랭귀지를 활용하라

보디랭귀지는 몸짓이나 손짓, 표정 같이 직접적인 신체의 동작으로 감정을 표현하거나 전달하는 행위로 몸짓언어 또는 침묵의 언어라고도 한다.

영화, 연극, 뮤지컬, 코미디 같은 예술 분야에서는 흔하게 활용되는 보디랭귀지를 적극적으로 활용해서 힘든 상황을 헤쳐 나가는 사람들도 많다.

금융회사 어카운트 매니저 애니 존스가 그랬다. 그녀는 사전 통보 없이 릭 슈미츠의 방에 들이닥쳤다. 그리고 실제로는 한 마디도 하지 않았지만 '당신에게 할 말이 있어!'라고 하듯이 등 뒤로 문을 쾅 닫았다.

보디랭귀지는 애니의 마음을 진정시키는 측면에서도 효과를 발휘했다. 릭의 방을 찾아가기 전에 애니는 자신이 아는 가장 자신감 넘치는 배우의 모습을 떠올리며 당당하게 걸었다. 그건 아드레날린과 용기를 최대한 끌어올리기 위한 행동이었다.

릭의 방으로 쳐들어간 애니는 허리에 손을 올린 채 몸을 꼿꼿이 세우고 그의 책상에 손을 올려놓는 등 평소보다 많은 보디랭귀지를 사용했다. 애니의 이야기를 듣고, 나는 그녀가 그렇게 짧은 시간 동안 두려움을 자신감으로 바꿀 수 있었다는 사실에 감명을 받았다.

하지만 애니는 그런 행동이 연기에 불과했다고 털어놓았다. 릭에 맞서 싸우고 싶은 마음이 정말로 간절했고, 그게 옳은 일이라고 생각했지만 막상 릭 앞에 섰을 때는 자신의 모습 어디에서도 자신감 같은 건 찾아볼 수 없었다고 했다.

하지만 애니가 깨닫지 못한 게 있다. 보디랭귀지는 릭 앞에서 애니를 더 당당해 보이도록 했을 뿐만 아니라 애니 자신에게도 더 큰 자신감과 힘을 갖게 했다는 사실이다. 덕분에 그녀는 강하고 설득력 있는 모습으로 릭 앞에 설 수 있었던 것이다.

뮤지컬 〈왕과 나The King and I〉에 나오는 유명한 대사가 있다. 시암현재의 태국의 왕을 보좌하기 위해 새로운 도전에 맞서야 안전지대 밖으로 나가야 하는 여자 주인공이 아들을 안심시키며 이렇게 말한다.

"두려운 생각이 들 때마다 엄마는 고개를 꼿꼿이 든 채 행복한 리듬의 휘파람을 분단다. 내가 두려워하고 있다는 사실을 아무도 모르게 말이야. 이 속임수는 참 이상하기도 하지. 내가 두려워하는 사람들뿐만 아니라 나까지도 속아 넘어가게 하거든."

하버드대학의 사회심리학자 에이미 커디Amy Cuddy 교수는 애니가 했던 것처럼 단순히 당당한 포즈를 취하는 것만으로도 일시적으로 체내의 테스토스테론이 높아지고, 스트레스를 유발하는 호르몬인 코르티솔이 감소한다고 말했다. 그녀는 이렇게 설명한다.

"당당한 포즈는 취업 면접 같이 극심한 스트레스를 받는 상황에서도 자신감이 생기게 하고, 위험을 감수할 의지가 생기게 함으로써 효과적인 대처 능력을 발휘하도록 만든다."

애니가 팔을 앞뒤로 힘차게 흔들며 당당한 태도로 복도를 걸어갔던 것 역시 큰 효과가 있었다. 에이미 커디 교수의 말은 이렇게 이어진다.

"몸집에 비해 지나치게 작은 의자에 앉거나 몸을 구부리고 앉는 등 움츠린 자세만으로도 당당한 포즈를 취하며 앉거나 섰을 때에 비해 더 크게 스트레스를 받고 자신감이 추락한다."

보디랭귀지는 말을 대신한다. 특히 메시지를 말로 전달하기 어려운 상황에서는 더욱 그렇다. 앞서 소개한 경영 컨설턴트 웬디 로지 역시 회의 시간에 발언 기회를 얻기 위해 이 방법을 활용했다.

회의 시간에 의견이 있으면 손을 들어 올린다. 그녀에게 그런 행동은 할 말이 있다는 수신호다. 그녀는 손을 든 채 몸을 테이블 가까이 기대며 손가락 하나를 펴고 흔드는데, 이것 역시 할 말이 있다는 것을 비언어적으로 강하게 알린 것이다.

이쯤 되면 사람들은 그녀의 의도를 알아차리고 발언권을 준다. 결국 그녀는 비언어적인 방법을 통해 행동을 맞춤화함으로써 효과적으로 목표를 달성한 것이다.

한 가지 덧붙이자면 웬디가 이 전략을 계속 사용한 건 아니다. 이제는 자기만의 방식에 숙달이 되어 회의 도중에 의견을 말하는 게 점점 편안해진 것이다. 하지만 적어도 초반에는 여러 가지 방식으로 보디랭귀지를 활용함으로써 난관을 극복할 수 있었다.

3. 타이밍에 신경 써라

베스트셀러 《스탠드 아웃Stand out》으로 유명한 작가 도리 클라크Dorie Clark는 타이밍 전략을 잘 활용한 사람으로 유명하다. 다음은 도리가 최근에 포스팅한 것으로, 시간을 멋지게 사용한 방법을 소개하고 있다.

나는 늘 정상적인 생활 리듬을 유지하고 있지만 결코 아침형 인간은 아니다. 사업을 시작한 뒤에 의무감으로 등록한 '500명과 인맥 쌓기 아침식사' 모임은 사업가라면 마땅히 해야 할 일이라고 생각했기에 가입한 것이었다.

하지만 다운타운에 늦지 않게 도착하기 위해 새벽 6시에 일어나는 건 오히려 능률을 저해하는 짓이라는 걸 깨닫게 되어 모임을 그만두었고, 같은 이유로 이른 아침에 하던 운동도 그만두었다.

내성적인 사람들에게 인맥을 구축하는 일은 남들보다 더 많은 의식적인 노력이 필요하다. 이는 분명 재미있는 과정이긴 하지만, 한껏 기합을 넣고 정신을 차려야 하는 일이기도 하다.

피곤할 때 무리해서 억지로 모임을 가질 필요는 없다고 생각한다. 지금은 내게 유리한 쪽으로 스케줄을 조정하기 위해 아침 8시 전, 또는 저녁 9시 이후에 시작하는 모임은 모두 거절하고 있다.

이외에도 나는 많은 사람들이 타이밍을 맞춤화 전략으로 활용할 때는 '사전 준비'라는 아이템을 선호한다는 사실을 알게 되었다.

내가 만난 많은 사람들이 사전 준비를 통해 성과를 얻었는데, 가령 의사들은 응급 상황에 대비한 연습을 위해 서로

실습 대상이 되어주었다. 또한 경찰들은 임무를 수행전에 불법 거주자들에게 할 말을 수십 번 연습했다.

이 책을 위해 내가 인터뷰한 사람들 대부분은 연습의 반복이 불안을 잠재우고 기술을 향상시키는 데 큰 몫을 한다고 답했다. 그들은 이러한 절차를 자기가 맡은 배역을 멋지게 연기하기 위한 준비 과정, 또는 가면을 쓰는 과정이라고 말했다.

4. 소품을 활용하라

무대 위의 배우와 마찬가지로, 어떤 사람들은 자신에게 맞는 방식으로 행동 습관을 바꾸기 위해 소품을 활용한다.

젊은 랍비 제니퍼 코헨은 자기보다 나이가 두 배나 많은 어른들을 상대로 목회를 해야 하는 상황이 너무 불편했다. 그는 노년층 신도들에게 도움을 주기 위해 최선을 다했지만, 자신이 그들의 프라이버시를 침해하고 있다는 생각 때문에 마음이 몹시 불편했다.

문제는 그것만이 아니었다. 신도들의 집을 방문했을 때

무슨 말을 해야 할지 몰라 언제나 전전긍긍이었다. 이전에 그가 한 번도 만나본 적 없는 고령의 노인들이 방안에 홀로 앉아서 뭔가를 먹거나 TV를 보거나 잠을 자고 있는 상황에서 불쑥 말을 건네야 한다는 게 너무 어색했기 때문이다.

그의 역할은 그들을 자주 방문해서 함께 있어주고 그들에게 필요한 뭔가를 제공하는 일이었다. 하지만 의미 있는 교감을 위해 그가 할 수 있는 일이나 해줄 수 있는 말이 무엇인지 몰라 답답하기만 했다.

그는 언제나 엄청나게 망설이다가 겨우 신도들의 집에 들어섰고, 그때마다 자신이 신도들을 방문하는 게 아니라 그들의 사적인 공간에 무단 침입하는 기분이 들었다.

신도들이 그의 방문을 환영한다고 해도 아무런 대본도 주어지지 않은 그 순간들을 어떤 말과 행동으로 채워야 할지 난감하기만 했다.

제니퍼는 고심 끝에 맞춤화 전략을 통해 난관을 헤쳐나갈 방법을 찾았다. 선배 랍비들의 조언에 따라 대화의 물꼬를 터줄 도구들을 가방에 담아 들고 다니기 시작했던 것이다. 가방 안에는 요즘 읽고 있는 책, 신도들이 좋아할 만한 이야깃거리, 카드 게임, 양초, 기도서 같은 종교의식 용품들이 들어 있었다.

가방은 놀라운 효과를 발휘했다. 이로써 제니퍼는 신자들과 개인적인 교감을 나눌 수 있게 되었으며, 그들과 함께하는 시간을 더 없이 행복하게 보낼 수 있었다.

제니퍼가 그랬던 것처럼, 나는 안전지대 밖의 일을 능숙하게 처리하기 위해 소품을 활용하는 사람들을 여럿 찾아볼 수 있었다.

예를 들어 소아과 의사들은 치료가 진행되는 동안 아이들의 관심을 다른 곳으로 돌리기 위해 비눗방울 놀이 장난감을 갖다놓았다. 정리 해고 방침을 전달해야 하는 인사 담당자들은 그 말을 전해들은 사람이 눈물을 흘릴 경우에 대비해서 화장지와 따뜻한 차를 준비했는데, 덕분에 대화가 이어지는 동안 조금은 더 차분하고 진정성 있는 분위기를 유지할 수 있었다.

일반인들을 대상으로 강의할 때 나도 소품을 활용한 적이 있는데, 연단에 설 때마다 손가락에 특별한 의미를 지닌 반지를 낀 일이 그것이다. 그 반지는 삼촌이 2차 세계대전

당시 남태평양에서 우연히 주운 호안석을 박은 것이었다.

전쟁이 끝나고 미국으로 돌아온 삼촌은 심플한 디자인의 은반지에 그것을 박았는데, 나중에 내게 선물했다. 내 눈에 그 반지는 세상에서 가장 용감한 남자의 상징으로 보였기에 너무도 자랑스러운 선물이 되었다.

수년 동안 반지를 끼면서도 누구도 그 반지의 의미를 캐물은 적은 없지만 나는 항상 든든한 지원을 받았다고 생각한다. 그러다 시간이 지나면서 연단에 서는 일에 점점 적응하고 다양한 연설 경험이 쌓이면서 더 이상 반지를 끼지 않게 되었다.

수많은 사람들이 어려운 도전이 주는 난관을 넘어서기 위해 행운의 상징물을 활용한다. 얼마 전 독일의 심리학자들이 골프장을 찾은 사람들을 두 그룹으로 나눠 골프공을 나눠주고는 한 그룹에는 '행운의 공'이라고 말하고, 다른 그룹에게는 아무 말도 하지 않은 채 퍼팅을 하게 했다.

그 결과 행운의 공을 받은 그룹의 퍼팅 결과가 훨씬 좋게 나왔다. 미신을 믿게 만드는 것만으로도 주어진 과제에 대한 자신감이 높아졌고, 행운이 찾아오리라고 믿고 더 끈기 있게 도전했던 것이다.

그러나 중요한 사실은, 당신이 가진 모든 가능성을 무시하고 행운의 반지에만 의존하지는 말라는 것이다. 그동안 세상에서 가장 안전하다고 믿어온 곳을 벗어날 용기는, 언제든 잃어버리거나 집에 두고 올 수 있는 행운의 반지 같은 물건에 의해서가 아니라 희망과 믿음과 가능성이라는 요소에 의해 생겨난다는 사실을 기억하기 바란다.

5. 상황에 맞춰라

주변에 있는 소품을 사용하는 것 말고도 자신의 상황을 적극적으로 활용하는 사람들도 많다. 예를 들어 어느 회사 사장은 사람들 앞에서 흔히 하는 전형적인 연설 대신 일대일로 나누는 커뮤니케이션을 위해 노력했다. 그게 더 자기에게 맞는 방식일 뿐만 아니라 경영자의 진심을 보여주기에 좋다고 믿었기 때문이다.

"나는 25분짜리 일방적인 연설을 하는 대신 기회 있을 때마다 사원들과 만나 일대일로 자유로운 대화 시간을 가지려고 노력합니다. 그게 긴장을 덜고 직원들과 더 친해질 수 있는 방법이기도 하니까요."

대중을 상대로 말하는 것을 극도로 싫어했던 작가 마크 트웨인Mark Twain은 연설 중간의 농담에 큰소리로 웃어줄 사람들을 청중들 속에 미리 심어놓곤 했다.

그들은 마크 트웨인이 우스갯소리를 하면 박장대소를 하며 청중들의 웃음과 박수를 유도했다. 이처럼 스트레스를 주는 행사에 지인들과 동행하는 일 역시 불편한 상황을 해소하는 방법의 하나다.

인터넷 기업가 레슬리 메이커는 벤처 투자자들과 회의가 있는 날이면 외향적인 성격의 직원들을 대동했다. 그들은 투자자들과 날씨 이야기나 시사문제 같은 한담을 나누고, 자신은 제품에 관한 이야기에만 주력했다. 다소 사무적인 성격의 그에게는 그렇게 역할 분담을 하는 게 훨씬 편했기 때문이다.

의학 분야에서도 분위기 조성은 중요하게 쓰이는 전략이다. 암 진단 같은 소식을 전해야 하는 의사들에게는 더욱 그렇다. 드라마 〈매드 맨Mad Men〉의 팬이라면 6,70년대에 의사들이 암 진단 사실을 환자에게 전하는 걸 비인간적인 행위로 여겼다는 사실을 알고 있을 것이다.

하지만 최근 몇 년 사이에 상황이 크게 달라졌다. 요즘 의사들은 먼저 환자의 알 권리와 프라이버시를 존중해주는 교육을 받는다.

환자와 단둘이 이야기를 나눌 병실을 찾는 게 최선이지만 상황이 여의치 않다면 침상에 커튼을 치고, 환자가 울음을 터뜨릴 경우에 대비해서 화장지를 준비한다. 여기다 의사는 환자에게 보호자를 대화에 참여시킬지 여부를 선택할 수 있게 한다.

그리고 선 채로 소식을 전하지 않고 환자와 눈높이를 맞추며 이야기를 하려고 의자에 마주앉아 말을 하는데, 그렇게 하는 것은 대화를 서둘러 끝내고 나가버리지 않을 거라는 뜻을 전하기 위한 목적도 있지만 이런 태도가 환자에게 심리적 안정감을 주기 때문이다.

당신에게 유리한 분위기를 조성하는 또 하나의 기술은 상황에 맞는 자리를 전략적으로 선택하는 것이다. 예를 들어 당신이 하버드 비즈니스스쿨의 신입생이고 내성적인 성격을 타고 나서 사람들과 어울리는 일을 꺼린다고 하자.

하지만 좋은 성적을 얻고, 교수와 동료들에게 강한 인상을 남기려면 어떻게든 이런 상황을 극복해야 한다. 이런 경우는 나의 동료인 제나가 처했던 경우와 정확히 일치한다.

　제나는 하버드 비즈니스스쿨의 동기들과 비교했을 때 직무 경험이 많이 부족한 편이었다. 더구나 그녀는 다른 사람들 앞에 나서는 걸 지독히 싫어했고, 그런 기회가 오더라도 최대한 간단히 마쳤다.

　문제는, 하버드 비즈니스스쿨에서는 기말고사 점수 중에서 수업 참여 평가 점수가 차지하는 비중이 매우 높다는 것이었다.

　미래의 인맥이 될 동기들과 교수들에게 좋은 인상을 남기고 싶은데 수업시간에 입을 다물고만 있는 자신을 더 이상 참을 수 없었던 제나는 자신에게 주어진 옵션이 단 두 개에 불과하다는 사실에 사면초가의 기분을 느꼈다. 제니는 자신의 부족한 점을 유리한 조건으로 바꾸는 최고의 자리를 선택한 것이다.

　그것은 첫째 '무슨 말이든 한다', 둘째 '아무 말도 하지 않는다'였다. 누구보다 간절히 성공을 원했던 제나는 연구원이라는 자신의 전공을 살려서 남들과는 다른 방식으로 상황을 돌파하기로 했다.

그녀는 강의 때마다 강의실 맨 앞줄에 앉았는데, 여기엔 두 가지 이유가 있었다. 첫째는 그 자리에서는 말을 할 용기가 생긴다는 것이었고, 교수의 눈에 띄기도 쉬웠다.

하지만 더 중요한 이유는 강의실 맨 앞줄에 앉으면 강의실을 가득 메운 80명의 다른 동기들을 보지 않아도 된다는 것이었다. 그녀의 등 뒤에 있는 80명의 다른 학생들이 발언 기회를 얻기 위해 팔이 아프도록 손을 들고 있을 때, 그녀는 강의실에 그녀와 교수 단 둘이 있는 것처럼 느꼈다. 제니는 자신의 부족한 점을 유리한 조건으로 바꾸는 최고의 자리를 선택한 것이다.

지금까지 설명한 언어 습관, 보디랭귀지, 타이밍, 소품, 상황 등의 조건들 말고도 당신만의 맞춤화 전략을 찾아내는 게 중요하다. 무엇보다 부담을 이겨내보겠다는 마음 준비가 필요하다. 그런 마음만 있다면 당신을 둘러싼 조건과 환경은 얼마든지 뛰어넘을 수 있을 것이다.

5

솔직한 그대로의
나로 괜찮다
[자아 인식]

내가 여러분에게 해줄 수 있는 조언은
"왜?", 또는 "어디서?"라고 묻지 말라는 것입니다.
당신의 접시 위에 아이스크림이 있으면
그냥 입에 넣으십시오. 그것이 녹아버리기 전에…….
이것이 내가 여러분에게 줄 수 있는 조언의 전부입니다.

_ 손튼 와일더(Thornton Wilder, 미국의 극작가)

린다는 혼자 운영하는 '편리한 가족여행'이라는 이름의 여행사를 집안에 차릴 때만 해도 다른 사람들과 얼굴을 맞대는 일대일 소통이 사업에 그토록 중요한 부분을 차지할 줄 몰랐다.

린다는 수년간 여행사에서 일했다. 하지만 다섯 살이 채 안 된 아이가 둘에 남편도 그녀만큼이나 오랜 시간 근무해야 하는 직장에 다니고 있기 때문에 이대로는 안 되겠다는 생각이 들었다.

처음엔 모든 게 완벽해 보였다. 아침에 부엌에서 거실에 놓인 테이블로 자리를 옮기면서 남편에게 "출근할게!"라고 농담을 던졌다. 역사상 가장 짧은 통근이라며 우스갯소리도 했다.

그러나 막상 사업이 본격적으로 시작되자 그녀는 자신이

항상 두려워하던 일을 해야만 한다는 사실을 깨달았다. 바로 사람들에게 자신의 비즈니스를 직접, 그리고 최대한 적극적으로 홍보하는 일이었다. 일은 바로 거기서부터 꼬이기 시작했다.

린다는 사람들 앞에 나서기를 극도로 싫어했다. 자기 자랑을 하거나 스스로를 치켜세우는 건 그녀의 사전에 없는 이야기였다. 그녀는 사업을 홍보할 기회가 찾아올 때마다, 이 책을 여기쯤 읽은 독자라면 금세 눈치 챌 만한 '회피의 정석'을 보여주었다.

그녀는 스스로에게 자신이 얼마나 바쁜지를 끊임없이 주입시켰다. 웹사이트를 정비해야 하고, SNS 관리도 해야 하고, 홍보물도 만들어야 하니 말이다. 그래서 그녀는 여행박람회 같은 이벤트 행사에 직접 참가해서 회사를 알리는 대신 인턴 직원을 고용하여 팸플릿을 나눠주라고 했다.

린다는 이런 일들이 사업에 별로 중요하지 않기에 참석하지 않는 게 옳다고 자기 행동을 정당화했다. 하지만 그 일들은 매우 중요했고, 그녀도 내심 그런 사실을 인정하고 있었다.

사업은 마음처럼 쉽게 풀리지 않았다. 그 어려움은 자신의 구태의연한 행동 습관에 제동을 걸지 못했기 때문에 생긴 일이었다. 부담을 마주하는 게 두려워 필사적으로 다른 일에 몰두하며 회피 전략에 매달리는 그녀는 상황이 이대로 지속될 경우 사업이 실패로 귀결될지 모른다는 사실을 깨닫지 못했다.

거울 속 그 사람과의 대화

린다를 비롯한 우리 모두에게는 안전지대를 벗어나기 위한 촉매제가 절실하게 필요하다. 나는 그런 것의 하나가 '자아 인식'이라고 생각한다.

이것은 당신이 무엇을 어떤 방식으로 회피하고 있는지를 분명히 인식하는 것을 말한다. 따라서 자아 인식은 자진해서 쳐놓은 방어막을 무너뜨릴 수 있는 가장 강력한 해결책이 될 수 있다.

나아가 자아 인식은 솔직하게 자신의 심리 상태를 들여다볼 수 있게 하고, 당신의 진짜 속내와 자주 사용하는 회피 전략을 똑바로 이해할 수 있게 한다.

예를 들어보자. 당신이 지난 주 내내 상사와 면담하는 걸 회피했다면 그건 당신이 스스로에게 되뇐 말처럼 정말로 너무 바빠서 그렇게 된 일일까, 아니면 상사가 당신에게 새로 시작하는 프로젝트의 리더 역할을 맡길까 봐 두려워서 한 행동일까?

만약 당신이 또다시 고객들을 상대로 중요한 프레젠테이션을 할 기회를 외면했다면 그건 정말로 바빠서였을까, 아니면 그런 기회들이 당신의 커리어에 중요하지 않아서일까? 그도 아니면 낯선 사람을 만나 중요한 말을 나누는 게 두려웠던 건 아닐까?

자신의 단점이나 부족한 부분을 곧이곧대로 인정하는 것이 안전지대를 벗어나기 위해 꼭 필요한 발판이 된다는 점을 잊지 말아야 한다. 미국의 작곡가이자 시인인 데일 윔브로우Dale Wimbrow는 〈거울 속의 그 사람〉이라는 작품에 이렇게 썼다.

발버둥을 쳐서 결국 인생에서 원하는 것을 얻었다면, 그날 하루만은 당신은 왕이 됩니다. 그때 거울 앞에 서서 자기 자신을 들여다보세요. 그리고 거울 속의 그 사람이 무슨 말을 하고 싶어 하는지 들어 보세요. 인생을 살아가며 온 세상을 다 속일 수 있을지 모릅니다. 지나가는 걸음걸음 찬사를 받을지도 모르죠. 하지만 거울 속의 그 사람을 속여 왔다면, 당신이 받을 마지막 선물은 고통과 눈물뿐입니다.

편견, 그리고 고정관념

사장의 호출에 일상적인 회의가 있는 줄 알고 달려갔는데, 중요한 프로젝트를 맡게 될 거라는 소식을 들었다. 생각지도 못했던 말에 걱정이 밀려온다.

집에 돌아온 당신은 밤잠을 설쳐가며 새로 맡을 일에 대해 걱정하고, 그러자 먹구름 같은 스트레스가 머릿속을 가득 채우기 시작한다. 잔뜩 겁을 먹은 당신은 더 이상 견딜 수 없는 수준이 될 때까지 두려움을 키워간다.

"정말로 내가 그 일을 해낼 수 있다고 생각하는 걸까? 난 그 일에 절대 어울리는 사람이 아닌데……. 그 일을 성공적으로 해내려면 어떻게 해야 하는지 전혀 감이 오질 않는데……."

이쯤 되면 그 일은 점차 성공할 수 없는 일이 되어버린다. 처음 말을 들었을 때 잠시 했던 생각, 그러니까 업무를 진행하려면 이런저런 난관을 넘어야 할 거라고 했던 것들이 모조리 실패로 귀결될 거라는 단정으로 둔갑한다.

급기야 당신은 평화롭고 안락하며 조용한 안전지대를 벗어나는 과정에서 생길 수 있는 모든 어려움들을 산더미처럼 과장하며 거기에 가위눌리는 상상을 하게 된다.

물론 경험이 풍부한 사람도 어떤 문제에 왜곡된 생각을 할 수 있고, 고정관념이나 편견에 사로잡혀 전혀 다른 관점을 가질 수도 있다. 심지어 자신의 능력과 전문성에 대해 확신을 가지고 있을 것으로 보이는 사람들도 예외는 아니다. 아카데미 여우주연상 후보에 여러 차례 오른 배우 미셸 파이퍼Michelle Pfeiffer는 자신의 연기 인생에 대해 이렇게 말했다.

"언젠가는 보잘것없는 나의 재능이 만천하에 드러날 거라고 생각하며 가슴을 쥐어뜯곤 합니다. 나는 정말로 재능이 없어요. 지금까지 모든 게 다 사기였습니다."

오프라 윈프리, 미셸 오바마 같은 미국의 지도층 여성들

에게 힘과 용기와 희망을 준 작가로 유명한 마야 안젤루
Maya Angelou는 이렇게 말했다.

"지금까지 열한 권의 책을 썼지만 매번 새 책을 발표할 때마다 이번에야말로 진짜 실력이 들통 나겠다는 생각을 합니다. 지금까지는 용케 숨바꼭질 게임에서 살아남았지만 독자들은 끝내 나의 형편없는 본래 모습을 알아내고 말 것입니다."

나 역시 항상 이런 기분에 시달린다. 특히 비즈니스계의 저명인사들을 상대로 강의할 때나 TV 토론 프로그램의 패널로 참석할 때는 더욱 그렇다. 그때마다 나의 이론은 누구도 귀담아들을 만큼 중요한 이야기가 아니고, 진부하기 짝이 없는 테마라는 생각이 뒷덜미를 잡아끈다.

그럴 때 정확하고 명료한 판단력이 중요한 역할을 한다. 그것이 주어진 상황에 대한 나의 왜곡된 관점을 정상으로 되돌릴 수 있는 능력이기 때문이다. 왜곡된 생각이 불러온 불길한 예측 때문에 기회를 회피하거나 거부하는 일이 없도록, 그리고 잘못된 고정관념이 나의 행동 의지를 가로막지 못하도록 만드는 것이다.

한 걸음 물러서기

다행히도 자아 인식에 필요한 방법은 이미 많이 제시되어 있다. 그중 가장 대표적인 것이 '한 걸음 물러나기', 또는 '한 걸음 비켜서기'다.

나를 괴롭히는 것들에서 한 걸음 물러서면 새로운 관점이 생기고, 그때부터 객관적인 입장에서 상황을 바라볼 수 있다는 것이다. 몇 년 전 하버드대학 심리학 연구팀이 직장인들을 대상으로 업무적으로 영감을 주는 곳이나 최고의 아이디어가 떠오르는 장소가 어디인지 알아보는 실험을 했다.

이 실험이 특히 흥미로웠던 이유는, 대부분의 답변이 한 걸음 물러나면 새로운 관점을 얻을 수 있다는 것이었기 때문이다. 예를 들어 마사지를 받는 도중에 최고의 아이디어를 떠올렸다는 사람들이 있었다.

반쯤 무의식상태로 누워 있는 동안 생각이 이리저리 자유롭게 옮겨 다녔고, 테라피스트의 손길에 따라 걱정과 두려움이 연기처럼 사라지고 그 자리에 새로운 아이디어들이 자리 잡았다는 것이다. 그런가 하면 어떤 사람들은 산책, 자전거 타기, 달리기, 심지어 샤워를 하는 도중에 최고의 아이디어를 떠올렸다고 한다.

작가 메이슨 커리Mason Currey는 《데일리 리추얼Daily Ritual》이라는 책에서, 삶은 매일 할 수 있는 일을 포기하지 않고 계속할 때 가장 빛난다면서 저명한 예술가들이 살아가면서 의식처럼 반복했던 일과에 대해 이야기한다.

베토벤은 매일 점심식사가 끝난 뒤에 긴 산책에 나섰는데, 떠오르는 영감을 그때그때 기록하기 위해 종이와 연필을 들고 나갔다. 빌 게이츠는 1년에 두 번씩 '생각 주간think week'이라고 부르는 의식을 치렀다. 일주일 동안 완전한 고립 속에서 논문을 읽고, 떠오른 생각을 숙고하고, 미래의 마이크로소프트와 기술의 진보에 대해 고민하는 시간을 가졌던 것이다.

자기 자신을 객관적으로 바라보기 위해 여행을 떠나는 사람도 많다. 여행은 자기만의 기호에 따라 기간과 장소, 그리고 여행의 방법을 선택하게 되는데 내가 얼마 전에 들었던 독특한 여행법이 오래 기억에 남는다.

어떤 사람이 해마다 연말이 되면 1년 동안 열심히 번 돈으로 알래스카로 훌쩍 여행을 떠난다고 했다. 그곳의 깨끗한 공기와 맑은 물, 어느 곳이든 만년설과 빙하로 뒤덮여 있는 산맥들의 경관을 보며 마음속에 가득한 찌꺼기를 훌훌 털어낸다는 것이었다. 그는 이렇게 말했다.

"거기서 나 자신으로부터 한 발짝 물러서서 내 삶을 바라봅니다. 지난 1년 동안 내가 해낸 일들과 하지 못한 일들을 하나하나 객관적으로 바라보고 평가합니다. 그러한 성찰을 통해 새롭게 시작할 에너지를 얻고, 더 많은 지혜와 용기를 얻어서 고향으로 돌아오게 됩니다."

이 책에 등장하는 사람들도 대부분 비슷한 전략을 활용했다. 앞에서 소개한 육군사관생도 제인 레디는 후배 생도를 훈련시키는 과정을 한 발짝 물러서서 되짚어 보다가 자신에게 맞는 리더십을 찾아내는 게 얼마나 중요한지 깨달았다.

그녀에게는 후배 생도들을 인간적으로 대하면서도 최대 효과를 이끌어낼 수 있는 리더십이 필요했다. 그때 제인은 한 발짝 물러서서 자신이 어떤 유형의 지도자가 되고 싶은지 진솔하게 들여다보았고, 마침내 해답을 찾을 수 있었다.

인터넷 사업가 릴리 역시 그렇게 했다. 그녀는 절친한 친구 줄리아를 해고해야 하는 상황에 처했다. 줄리아의 무능이 회사의 존폐를 가를 정도로 위협적이기 때문이었다.

두 사람이 얼굴을 맞대고 앉은 순간, 그동안 쌓아온 돈독한 우정과 유별나게 힘든 일이 많았던 줄리아의 성장 과정, 해고 통보가 그녀에게 미칠 영향에 관한 생각이 릴리의 머릿속을 가득 채웠다.

릴리에게 전체 상황을 분명하게 바라보기 위한 가장 현명한 방법은 한 걸음 물러서서 현재 문제를 들여다보는 것이었다. 줄리아가 일으킨 사고는 회사에 연쇄작용을 일으켰고, 그 탓에 여러 사람들의 밥줄이 끊어질 지경이었다.

물론 줄리아의 밥줄도 걸려 있었지만, 릴리는 물론이고 직원들과 투자자들의 밥줄까지 모두 걸려 있었다. 한 걸음 물러서서 전체 그림을 보게 된 릴리는 줄리아가 떠나야 한다는 사실을 받아들일 수밖에 없었고, 그 소식을 전할 사람은 릴리 자신이어야 한다는 사실 역시 깨닫게 되었다. 그리고 또 하나, 자신이 떠맡고 있는 의무와 책임을 회피하면, 다시 말해서 시간을 질질 끌수록 회사에 돌이킬 수 없는 피해가 된다는 사실도 깨달았다.

자기 자신을 3인칭 주어로 불러라

릴리는 확고한 자아 인식을 갖추는 일에 또 다른 전략을 활용했다. 바로 자기 자신에게 그 일을 해낼 수 있다고 말해주는 것이었다. 특히 '난 할 수 있어!'처럼 1인칭 주어를 사용할 때보다 '릴리, 넌 할 수 있어' 같이 3인칭 주어를 사용할 때 효과가 더 좋았다.

미시간대학의 에단 크로스Ethan Kross 교수는 이 방법의 놀라운 효과를 파악해낸 인물이다. 그는 이렇게 말했다.

"스트레스를 받는 상황에서 스스로를 3인칭으로 부르며 혼잣말을 하는 것만으로도 심리적 분리 효과가 생겨 자신감이 생긴다."

그는 89명의 성인 남녀에게 각자가 꿈꾸는 직업에서 자신이 최고 적임자인 이유를 설명하는 말을 해달라고 요청했다. 그런데 실험 대상자 중 절반에게는 연설문의 주어를 '나'라는 1인칭을 쓰도록 했고, 나머지에게는 자기 이름을 3인칭으로 부르게 했다.

그 결과, 자신의 이름을 3인칭 주어로 사용한 그룹은 연설에 대한 불안감을 덜 느끼고 자신감도 높았다. 게다가 이 그룹은 다른 그룹에 비해 연설을 훌륭하게 마쳤고, 자신의 연설에 대해 반성이나 걱정을 하는 빈도도 낮았다. 자신을 3인칭으로 부르고, 그 과정에서 스스로를 제삼자로 여기는 것만으로도 냉정을 찾는 데 필요한 심리적 거리를 얻을 수 있었던 것이다.

크로스 교수의 연구는 여기서 그치지 않는다. 실험에 참여한 사람들의 뇌를 뇌 스캔 기계로 들여다보았더니 놀라운 사실을 알 수 있었다. 스스로를 1인칭으로 부른 사람들에 비해 3인칭으로 부르며 심리적 거리를 둔 사람들의 뇌 스캔 결과가 타인에게 조언을 하는 사람의 뇌 스캔과 매우 유사한 모양을 보인 것이다.

이 연구는 '자신과 거리 두기self-distancing'의 강력한 효과에 대한 연구의 큰 물줄기가 되었다. 그는 이렇게 말했다.

"자신과 거리 두기는 자기의 경험이나 감정에 빠지지 않고 심리적 거리를 유지함으로써 부정적인 감정을 덜어주고 고통으로부터 벗어나게 하는 객관성을 유지하게 한다."

자아성찰을 위한 글쓰기

오스틴 텍사스대학의 제임스 페니베이커James Pennebaker 교수는 스트레스를 받는 상황에 놓였을 때, 그 일에 대해 일기를 쓰듯이 종이에 써보는 것이 자아 인식에 미치는 엄청난 효과를 밝혀냈다.

심지어 아주 짧은 기간 동안만, 또는 단지 며칠 동안만 글쓰기에 집중해도 효과는 마찬가지였는데 이런 과정을 통해 상황을 더 날카롭게 바라볼 수 있을 뿐 아니라 정신적 괴로움을 줄일 수 있었고 심지어 면역력이 강화되기도 했다.

페니베이커 교수는 에이즈 환자들을 두 개 그룹으로 나눠 한 그룹에게는 살면서 겪은 일들을 회고 형식으로 써볼 것을, 다른 한 그룹에게는 그냥 하루 일과를 적어볼 것을 요청했다. 그 결과 인생 경험에 대해 쓴 환자들의 림프구 수치가 현저하게 많이 늘어난 것을 확인할 수 있었다.

크로스 교수의 인칭대명사 실험 결과와 마찬가지로, 인생 경험을 써보는 일 역시 제삼자의 입장에서 자신을 들여다봄으로써 보다 명료하게 사고하도록 만든다는 사실이 입증된 것이다.

타인의 눈을 통해 바라보기

인생을 오롯이 혼자 힘으로 살아내는 사람은 거의 없다. 특히 이 책에서 이야기하는, 부담의 벽이라는 자기 한계를 넘어야 하는 상황에 몰린 사람이라면 더 그렇다. 그래서 많은 사람들이 잘못된 사고 습관에서 벗어나 심리적 안정을 얻기 위해 감정 코치나 멘토에게 도움을 청한다.

앞서 만났던 금융회사 임원 로저 에반스 역시 코치의 도움을 받았다. 그는 자신이 행하는 프로젝트에 대한 통제권을 움켜쥘 수 있었던 대기업에서 근무하다가 규모가 훨씬 작고 모든 일이 협업을 통해 이루어지는 회사로 이직한 뒤에 일일이 조직 구성원들의 동의를 이끌어내야 하는 상황에 실망과 좌절을 느꼈다.

혼자서도 모든 일을 잘 해낼 자신이 있었던 로저는 이런 기업문화에 적응하기가 쉽지 않았는데, 감정 코치의 도움으로 자신의 행동이 다른 사람들에게 어떤 영향을 끼치는지 확인하곤 생각을 바꿀 수 있었다.

코치는 로저가 회의장에서 발언하는 모습을 녹화해서 보여주며 그의 행동이 다른 사람들에게 어떤 영향을 끼치는

지 깨닫게 했다. 코치는 또한 부하직원을 비롯한 동료 직원들로부터 그의 업무 스타일에 대한 평가를 받도록 했다. 그덕분에 로저는 자신의 행동이 타인에게 미치는 영향에 대한 데이터를 얻을 수 있었고, 이것은 로저가 행동 습관을 바꾸는 일에 더욱 의욕적으로 뛰어들게 하는 발판이 되었다.

내게도 행동 습관을 바꾸는 데 큰 도움을 준 사람이 있다. 하버드대학의 리처드 해크먼Richard Hackman 교수는 대학원 시절 내게 조언을 아끼지 않은 분이었다.

당시 나는 첫 번째 책《글로벌 인재Global Dexterity》를 집필 중이었는데, 여러 이유로 불안에 떨고 있었다. 당시의 학계에서는, 아니 적어도 내가 속한 분야에서는 일반대중을 상대로 하는 단행본 출간을 논문을 쓰는 것만큼 가치 있는 일로 여기지 않는 풍조가 있었다.

그래서 나는 일단 집필 작업을 시작했으면서도 이 일이 경력을 쌓아나가는 데 방해가 되면 어쩌나 하는 걱정에 빠져 있었다. 그리고 무엇보다도 내가 이런 작업을 할 자격이 있는지 확신할 수 없었다. 나는 나날이 부정적인 생각에 빠져들었다.

"책이 독자들의 외면을 받으면 어떻게 하지?"

"학계 사람들이 고작 이따위 책에 시간을 쏟아 부었다고 비웃으면 어쩌지?"

"결국 이 책을 끝내지 못하면 어떻게 하지?"

그때 리처드 교수님이 큰 도움을 주셨다. 당시 나는 꽤 오랫동안 대학원 공부를 중단한 상태였기 때문에 그분이 나를 도울 의무는 전혀 없었다. 그럼에도 그분은 나를 불러 이렇게 말씀하셨다.

"그냥 계속하게. 자네는 이 프로젝트를 끝내야만 하네. 자네의 이야기를 그저 학계의 전문가들에게만 들려주고 싶은 건 아니지 않은가. 실제로 이런 문제를 겪고 있는 사람들에게 도움을 주고 싶은 것이니 반드시 유익한 책이 될 걸세."

그분의 조언 덕분에 그동안 머리를 짓누르던 고민은 단숨에 해소되고, 나는 출간 작업에 몰두할 수 있었다.

당신을 위한 레시피

책의 초반에 소개한 도표를 기억하는가? 거기에는 안전

지대를 그린 원과 안전지대를 벗어나 기회를 거머쥐었을 때 벌어질 마법이 일어나는 곳을 그린 원이 포함되어 있었다.

우리가 지금까지 살펴본 '행동 습관 변화를 위한 세 가지 전략'은 당신을 첫 번째 원에서 다른 원으로 가게 해주는 필수 요소들이다. 두려움의 땅에서 도전의 땅으로의 도약, 마음은 편하지만 한계가 있던 땅에서 실제로 더 성장할 수 있는 땅으로의 도약을 위한 다리 말이다.

당신도 나처럼 요리를 좋아한다면 주어진 레시피와 응용 레시피 사이의 차이를 스스로 판단해서 지혜롭게 메워왔을 것이다.

예를 들어 주어진 레시피에 등장하는 샐러드를 만들려면 거기서 제안하는 바로 그 종류의 양배추가 필요하다. 정확한 양의 오이와 당근, 고추는 물론이고 다른 재료들도 정량으로 준비해야 한다. 그다음으로 샐러드드레싱에 필요한 조미료들을 정확히 넣어야 한다.

그러나 응용 레시피는 다르다. 그냥 당신이 원하는 대로 샐러드를 만들면 된다. 다양한 종류의 양배추와 원하는 토핑을 마음껏 넣을 수 있고, 오일과 식초의 양을 최대한 조절

해서 당신만의 샐러드드레싱을 만들어볼 수도 있다.

지금까지 살펴본 전략들 역시 당신의 처지와 취향에 따라 유연하게 활용해볼 수 있다. 내가 이 책에서 제시하는 것들은 그저 하나의 카테고리에 불과하다. 이 카테고리에 당신의 케이스를 집어넣는 게 이제부터 당신이 할 일이다.

그 과정에서 상황을 회피하고 싶게 만드는 감정을 극복하고, 당신만의 맞춤형 행동 방식을 찾을 수도 있을 것이다.

자기 확신의 전략 역시 마찬가지다. 부담의 벽을 넘어야 하는 당위와 그 행동의 가치, 그리고 중요성에 대해 내가 나 자신을 납득시켰던 방법은 당신이 상황을 이해하는 방법과는 완전히 다를 것이다.

버섯이 들어간 샐러드를 좋아하는 나와 아티초크가 들어간 샐러드를 좋아하는 당신이 기호에 따라 다른 선택을 하는 것처럼, 우리는 각자 필요에 따라 저마다의 행동 습관 전환 레시피를 가지게 될 것이다.

내 역할은 재료의 카테고리를 정해주는 것에 그친다. 실제로 실험을 해보거나 도약을 위한 자신의 레시피를 마련하는 것은 온전히 당신의 몫이다.

6

당신이
경험하게 될
멋진 변화들

당신의 개성은 손쉬운 편안함 속에서 꽃피지 않는다.
오직 도전과 괴로움의 경험을 통해서만
영혼은 강해지고, 야망은 영감을 얻으며,
성공은 이뤄질 것이다.

_ 헬렌 켈러(Helen Keller, 미국의 작가)

"아만다, 넌 할 수 있어!"

아만다 니커슨은 이마에 맺힌 땀을 닦으며 그렇게 중얼거렸다. 오랜만에 입사 면접을 보게 된 그녀가 회사 건물로 막 들어서는 순간이었다.

면접을 주선한 취업사이트에 가입한 건 고작 일주일 전이었고, 눈 깜짝할 사이에 모든 일이 진척되었다. 어쩌면 너무 급하게 진행된 것일 수도 있지만, 아만다는 때가 왔다는 사실을 알고 있었다.

아이들이 스스로를 돌볼 수 있을 만큼 컸다. 첫째가 올해 대학에 지원했으니 말이다. 아이가 자신의 인생을 향해 한 걸음 내디딜 수 있게 되었다면 아만다도 못할 게 없었다.

아만다는 자신의 전업주부 생활이 이렇게 오래 이어질 줄은 꿈에도 몰랐다. 원래 계획은 경제학박사 학위를 취득한 후에 곧바로 직장을 구하는 것이었는데, 그녀의 표현을 빌리자면 '그냥 어쩌다' 그렇게 되어버린 일이었다.

그녀는 대학교수가 되어 강의하면서 학생들에게 도움을 주고, 경제 전문가들로부터 호평 받는 논문을 발표하는 걸 인생 목표로 잡았었다. 그러나 계획대로 되지 않았다. 대학원 재학 중에 첫아이를 가졌고, 대학원을 졸업한 지 얼마 지나지 않아 둘째를 임신했기 때문이다.

채 두 살이 되지 않은 아이 둘을 키우는 엄마에게 교수 임용 과정을 밟는 건 어려운 일이었다. 게다가 아만다는 아이들을 직접 키우고 싶었고, 그런 결정을 남편도 적극적으로 지지해주었다. 그래서 그냥 그렇게 된 것이었다.

박사학위 취득을 몇 달 앞두고 아만다는 엄마가 되었고, 곧바로 전업주부가 되었다. 그때부터 그녀의 꿈은 오래된 추억이 되고 말았다. 그녀는 적어도 한동안은 자신의 선택이 옳았다고 생각했다. 아이들은 어렸고, 엄마를 필요로 했다.

하지만 시간이 지나 아이들이 커가고 독립심이 생기면서 아만다는 아이들에게 자신이 점점 필요 없는 존재가 되어간다고 느꼈다. 첫째 아이가 대학에 지원하기 위해 자기소개서를 쓸 때, 아만다는 문득 이런 생각을 했다.

"이건 말도 안 돼, 내 아이에게도 자기소개서와 이력서가 있는데 나는 없다니, 이대로는 안 되겠어!"

하지만 문제는 아만다가 너무 오랫동안 쉬었고, 그렇기에 구직시장에 뛰어든다는 생각만으로도 겁에 질린다는 것이었다. 무엇보다도 아만다는 자신의 이력서가 너무 부끄러웠다. 학력란은 그나마 조금 만족스러웠지만 경력 단절 기간이 너무 길었다.

남자들이 사회생활을 하면서 맡는 그 어떤 업무보다 전업주부의 역할이 더 힘들었음에도 성과를 기록하는 란에 그냥 '주부'라고 써야 하는 현실이 너무도 암담했다.

게다가 자신을 알리는 것도 문제였다. 아만다는 낯선 사람과 대화를 나누는 걸 별로 좋아하지 않았고, 남에게 자기가 얼마나 훌륭한 인물인지를 알리는 일은 더욱 힘들어했다. 바로 그런 점 때문에 그녀는 정성 들여 구직 이메일을 써놓고도 전송 버튼을 누르지 못한 채 밤새 고민했던 것이다.

그녀는 취업이라는 목표를 위해 타인의 시간을 구걸하는

듯한 기분이 싫었다. '과연 내가 회사에 어떻게 기여할 수 있을까?' 자신의 보잘것없는 경력만으로 누구에게 도움을 준다는 게 가능한 일 같지 않았다.

그럼에도 불구하고 아만다는 도전을 결심했다. 그녀는 나중에 구직 작업을 시도조차 하지 않은 오늘을 후회하고 싶지 않았다. 그만큼 마음 한쪽에 일에 대한 열정이 활활 타오르고 있었던 것이다.

게다가 돈을 번다면 가족에게도 보탬이 될 것이다. 어느 날 걸려온 전화 한 통에 그런 생각이 더욱 절실해졌다. 남편이 회사에서 갑자기 쓰러져 병원으로 실려갔다는 전화가 걸려온 순간 아만다의 머릿속은 하얘졌다. 설마 그런 일은 없겠지만, 만에 하나 정말로 끔찍한 일이 생긴 거라면 재정적으로 버텨낼 수 없을 것은 불을 보듯 뻔한 일이었다.

다행히 남편의 건강은 탈수증상 외엔 별 문제가 없었지만, 그 사건 하나만으로 그녀의 생각은 달라졌다. 직장으로 돌아가야 했다. 때가 온 것이다.

예상대로 면접 초반에는 그녀의 경력에 대한 어색한 대화가 오갔다. 하지만 분위기에 적응하고 조금 편안해지면서 아만다는 놀라운 사실을 발견했다. 도전에 나서기 전에 머릿속에 그린 이미지는 몹시 바쁜 사람들이 북적대는 사무실에서 그들과는 아무 상관도 없는 아만다가 도움을 구걸하는 장면이었다.

그러나 그들은 예상보다 훨씬 친절했다. 그녀에게 격려를 아끼지 않았고, 그녀가 하고 싶은 말을 맘껏 하도록 인내심을 가지고 들어주었다. 다행히 그동안 공부에 대한 열정을 버리지 않고 있었기 때문에 경제 현안을 놓고 대화하는 데 전혀 부족하지 않았다.

결과는 좋지 않았다. 그들이 아만다보다 더 훌륭한 인재를 발탁했다는 이메일을 보내온 것이다. 그럼에도 아만다는 실망하지 않았다. 이번의 도전이 아만다에게 큰 깨달음을 주었기 때문이다. 아직은 도전할 힘이 남아 있으며, 열정이 식지 않는 한 기회를 움켜쥘 수 있다는 깨달음 말이다.

그로부터 두 달 후, 그녀는 업계에 꽤 널리 알려진 경영 컨설팅회사에 취직하게 되었다. 그들은 경력은 부족하지만 일에 대한 열정이 남다른 그녀의 태도에 후한 점수를 주며 함께 일하자고 했다.

한 번의 시도가 낳은 놀라운 효과

내가 이 연구를 진행하면서 가장 놀라웠던 일은 사람들이 도전 과정에서 처음엔 두려워하며 머뭇거렸던 일에 대해 점차 흥미를 느끼게 된다는 점이었다. 이는 우리가 먹어볼 생각조차 하지 않았던 이국적인 요리를 맛보게 된 상황에 비유해볼 수 있겠다.

맛을 봤더니 역시나 형편없었다면 처음에 가졌던 두려움의 근거가 입증되는 셈이다. 하지만 실제로 먹어보니 맛이 좋았다면 어떨까? 심지어 그동안 접해본 요리 중에서 최고였다는 사실을 알고는 그동안 그런 음식에 도전조차 하지 않았던 걸 후회하게 될지도 모른다.

물론 항상 이런 일이 있는 건 아니다. 자기 능력으로 감당하기 어려운 일을 그냥 한번 시도해보는 것만으로 단번에 좋아하게 되기란 쉽지 않다.

하지만 내가 실제로 보고 겪은 사례들에 따르면 도전은 그 자체로 강력한 효과를 낸다. 이토록 강력한 힘을 부여하는 도전의 원동력을 나는 '위대한 발견'이라고 부르고 싶다.

이 발견이 중요한 이유는 자기 자신과, 자신이 허우적대던 상황, 그리고 무엇보다도 그 괴로운 상황 속에서 방황을 거듭하는 자신의 모습을 발견하는 일을 통해 이제까지와는 전혀 다른 사람으로 거듭나게 되기 때문이다.

두려움과 걱정, 앞으로 생길지 모를 난감한 상황에 대한 우려로 도전을 피하게 되면 발견이 주는 혜택을 결코 경험할 수 없다. 하지만 용기를 끌어올려 도전하게 된다면 부담의 벽 너머 저편에 있는 놀랄 만한 것을 발견하게 된다.

프린스턴대학 2학년생인 엘라 쳉이 그랬다. 학생위원 선거에 출마한 그녀는 막상 선거운동에 나서게 되자 당선을 위해 해야 하는 일들이 산더미처럼 많다는 사실에 기가 질렸다.

그녀는 고등학교 때 처음으로 학생회 활동에 관심을 갖게 되었고, 선거에 출마하여 학생회장에 뽑힌 적이 있었다. 하지만 그건 고등학교 때 얘기로, 벽보 몇 장과 복도에서 나누어주는 사탕 몇 개만으로 충분히 당선될 수 있는 일이었다.

고등학교에 비해 규모가 수백 배는 되는 대학에서의 상황은 전혀 달랐다. 잠재적 유권자인 학생들을 찾아다니며 자기에게 투표해야 할 이유를 납득시켜야 했다.

선거 과정은 장난이 아니었다. 내성적인 성격의 엘라는 낯선 사람들과 즉흥적인 대화를 나눠야 하는 상황이 두려웠다. 그리고 무엇보다 스스로를 홍보하는 일이 힘들었는데, 표를 얻기 위해 자신의 능력을 과장해서 알려야 하는 상황은 더욱 어려웠다.

그럼에도 불구하고 엘라가 학생위원에 출마하는 데는 분명한 이유가 있었다. 고등학교 때 반장이 되어 친구들에게 영향력 있는 변화를 이끌어내며 행복을 느꼈던 엘라는 학교를 찾은 유명인사들이 들려주는 이야기에 감명을 받았고, 자신도 그런 인물이 되어 다른 사람들에게 변화와 도전에 대해 말해주고 싶었다.

그런데 놀랍게도 엘라는 선거운동을 해나가면서 어느 순간부터 자신이 이 과정을 진심으로 즐기고 있다는 사실을 알게 되었다. 선거를 치르는 3주 동안 500여 명의 학생들을 만나야 했기에 당연히 지치기도 했지만, 모든 과정은 대단히 의미 있는 경험이었다.

그녀는 장학금 지원, 교우관계, 지나친 학습량, 주거 문제

등 학생들이 제기하는 고충들을 귀담아들었다. 사실 이 문제들은 대부분 엘라도 동의하는 것들이고, 그녀가 변화를 이끌어낼 수 있는 부분이었다. 결국 엘라는 학생회 임원으로 선출되었고, 1년 뒤엔 학생회장에 임명되었다.

당신에게도 언젠가는 어떤 일에서건 도전에 나서야 할 때가 온다. 그런 때가 왔을 때, 당신이 부담감에 압도되어 도저히 발걸음을 떼기가 어려울 수도 있다.

이렇게 상상해보자. 당신은 사람들 앞에 나서거나 스스로를 홍보하는 일이 무척이나 두려운 사람이다. 낯모르는 사람들과 만나 대화를 나누는 것도 싫고, 남들에게 자신의 장점을 과장해서 내세우는 건 딱 질색이다. 한마디로 자신을 과대 포장하는 기분이 싫은 것이다.

그러다 어느 순간 어쨌든 도전에 나설 수밖에 없다고 생각하게 된다. 이 도전이 당신의 커리어에 중요하기 때문이기도 하지만 주위 사람들이 적극적으로 움직이는 동안 혼자만 그늘 속에 숨어 있기가 지겨워졌기 때문이다.

그래서 당신은 도전을 결심하고 친구들과 함께 하는 소규모 행사부터 참석하기 시작한다. 그러면서 미래 인맥이 될 사람을 만나게 될 것에 대비해 그들과 나눌 대화를 미리 연습해 보기도 한다.

이런 상황이 당신에게 뭔가 전하는 메시지가 있었으면 한다. 회사와의 임금 협상, 상품 홍보, 나쁜 소식 전하기 등 당신이 직면할 다른 상황으로 대체할 수도 있다. 핵심은, 도전에 나서는 순간 당신이 지금까지 두려워하던 상황들을 새로운 눈으로 바라보게 된다는 것이다.

앞서 부담의 벽 너머 있는 일들을 회피할 때 생기는 역기능적인 악순환을 보여준 도표를 기억하는가? 이번에는 당신이 한 걸음 나아갈 수 있도록 용기를 주는 '자기 확신, 맞춤화, 자아 인식'이 구축하는 선순환의 고리를 도표로 준비했다.

다음의 도표는 부담스러운 것들을 두려워하는 당신으로부터 시작된다. 이제 당신은 앞에 놓인 과제를 회피함으로써 역기능적인 순환 고리를 만드는 대신 '자기 확신, 맞춤화, 자아 인식'이라는 도구를 통해 앞으로 나아갈 용기와 힘을 얻는다.

그리고 바로 그곳에서 마법 같은 일이 일어나고, 거기서

행동 습관을 전환하는 도구

: 자기 확신, 맞춤화, 자아 인식

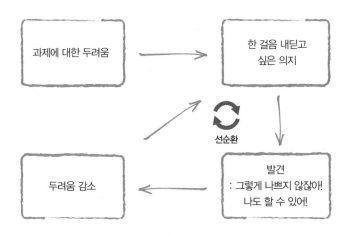

부터 한 발짝 더 내디딤으로써 삶이 주는 혜택을 맘껏 누리게 된다. 무슨 일이 어떤 결과를 부를지 상상하며 최악의 시나리오를 떠올리는 대신 새로운 경험을 통해 모든 일이 순조롭게 진행되는 기쁨을 맛보는 것이다.

우리는 무슨 일에든 일단 도전해보는 사람은 그것만으로도 놀라운 발견을 하게 된다는 사실을 잘 알고 있다. 무척이나 두려워했던 일에 막상 도전해보니 사실은 생각만큼 어렵지 않으며, 생각처럼 끔찍하지도 않다는 사실을 깨닫기도 한다.

오히려 두렵게만 느껴졌던 일에 과감히 도전함으로써 삶을 즐길 요소들을 찾게 된 사례도 많다. 그러면 불안은 연기처럼 사라지고, 다음 단계를 위한 걸음을 힘차게 내딛게 되고, 그렇게 선순환의 고리가 만들어진다.

학습과 성장, 실험과 발전의 고리는 이 책의 초반에서 다뤘던 두려움과 회피의 고리와는 완전히 다른 양상을 보인다. 내 경험에 의하면, 새로운 일에 도전한 후에 그 경험이 가져다준 즐거움에 놀랐다고 말하는 사람들이 몇이나 되는지 셀 수 없을 정도였다.

그중에는 실제로 해보니 정말이지 아무것도 아니어서, 또는 생각보다 너무 신나서 깜짝 놀랐다는 사람도 있었다. 도전할 용기와 확신이 없었더라면 이런 발견을 할 수 없었을 거라는 사실을 깨닫고 더 일찍 엄두를 내지 못한 자신을 책망했다고 말하는 사람도 있었다. 여기서 일단 도전에 나선 사람들이 경험하는 두 가지 중요한 발견이 무엇인지 살펴보자.

첫 번째 발견 :
"생각만큼 나쁘지 않다!"

바리스타 잭 와그너는 금전등록기에 이름을 등록한 후에 여느 때와 똑같이 교대 근무를 시작했다. 잭이 이 카페에서 일한 지도 어느새 1년이 다 되어간다.

그는 중년의 나이에 직업을 바꿨는데 젊은이들을 상대로 하는 카페의 성격상 50대인 그는 완전히 이방인이었다. 하지만 대기업에서 회계사로 일하며 모든 에너지를 탕진해버린 잭은 인생 후반전은 자신이 진짜 좋아하는 일을 해보고 싶었다.

바리스타라는 직업은 이전에 하던 일과는 많이 달랐다. 무엇보다도 사람들과 계속 소통해야 한다는 점이 그랬다. 하지만 그는 낯모르는 손님들과 이런저런 수다를 떨어야 하는 이유를 전혀 납득하지 못했고, 그래서 고객과 어울리는 일에 몹시 어려움을 겪었다.

그는 고객들과 날씨나 교통문제 같은 잡다한 주제를 놓고 아무렇지도 않게 대화하는 동료들을 질투와 경외심이 뒤엉킨 감정으로 지켜봤다. 그런 감정은 자기도 그들처럼 되고 싶었기 때문에 생긴 것이지만, 결국엔 그들처럼 못하기에 늘 좌절감으로 이어졌다.

물론 그도 새 직장에서 성공하기 위해서는 고객과 마음 터놓고 소통할 줄 알아야 한다는 것과 그런 기술을 삶의 다른 영역에서도 폭넓게 활용할 줄 알아야 한다는 사실을 잘 알고 있었다. 하지만 그런 일이 쉽지 않으니 문제였다.

그는 다른 직원들이 낯선 손님과 가벼운 대화를 주고받는 게 그토록 쉬울 수 있다는 사실이 믿어지지 않았다. 그의 솔직한 심정은 그런 대화는 시간낭비라는 것이었다. 커피를 마시러 왔으면 그냥 커피나 받아갈 일이지 아무 의미도 없는 대화를 나누며 시간낭비를 하는 이유가 무엇인지 이해할 수 없었다.

그럼에도 잭은 지금 하는 일이 마음에 들었다. 인생 후반전을 몽땅 커피에 바쳐도 아까울 것 같지 않았다. 그래서 그는 이를 악물고 낯선 사람들과 친구처럼 어울리는 일에 도전해 보기로 했다.

당연히 쉽지는 않았다. 고객이 카운터로 다가오면 어느 타이밍에 말을 꺼낼지, 무슨 말부터 해야 할지 도무지 감이 잡히지 않았다. 어쩌다 대화에 몰입하다 보면 음료 주문을 받는 걸 잊어버려 뒤늦게 허둥대고, 그러다 보면 긍정적인 교감은커녕 모든 게 엉망이 되고 말았다.

그런 어느 날, 한 남자가 카페 문을 열고 들어오면서 상황은 바뀌기 시작했다. 그 남자는 물결치는 긴 머리칼이며 수염과 흰옷, 한겨울에 신은 샌들까지 예수와 묘하게 닮은 사람이었다. 카운터로 걸어온 그가 카푸치노 한 잔을 주문했다. 바로 그 순간, 잭이 밝게 웃으며 말문을 열었다.

"성함을 물어봐도 될까요?"

"산타클로스요."

남자가 무심하게 대꾸했다.

"정말이에요?"

"맞아요. 그렇게 묻는 사람이 많답니다. 여기 보세요."

남자가 소매를 걷어 올려 팔뚝에 있는 '산타클로스'라는 문신을 보여주었다. 잭이 웃음을 터뜨렸다. 크리스마스이브에 찾아온 산타클로스라니, 너무 멋진 일 아닌가?

둘 사이에 자연스럽게 대화가 이어졌다. 이 카페에서 일한 지 1년이 지나는 동안 처음 있는 일이었다. 잭의 그런 행동은 산타클로스에서 끝나지 않았다. 카페에 들어오는 다른 손님들과도 계속해서 수다를 떨었고, 놀랍게도 그런 시간을 진심으로 즐기게 되었다.

이전까지 잭은 열심히 일만 하면 되지 그런 소통 같은 건 중요하지 않다고 생각했었다. 아니 그보다는 그렇게 열린 인간관계가 그에게 너무도 낯설고 불편한 일이었다.

하지만 이제 그는 사람들과 의미 없이 나누는 대화가 대단히 즐거운 일이며, 낯선 타인과 친분을 나누는 일이 얼마나 행복한지 알게 되었다. 이제 그는 깨닫게 되었다. 낯선 사람들과 소통하는 일은 자신이 먼저 마음의 문을 열면 아주 쉬운 일이라는 걸 말이다.

매사추세츠 주에 있는 브랜다이스대학에 있을 때, 한 걸음의 도전이 멋진 성취로 이어진 사례를 여러 차례 목격했다. 학생들 중에 싸오라는 이름의 수줍음 많은 베트남계 여학생으로 MBA 과정을 밟고 있었다. 그녀는 수업시간에 진행되는 토론에 참여하는 걸 무척 힘들어했다.

나는 그녀가 느끼는 어려움을 이해할 수 있었다. 나 역시 대학생 때 발표나 토론 수업을 무척이나 힘들어했고, 주변에 나 같은 사람이 많다는 사실을 알고 있었으니 말이다.

더구나 모든 수업에 적극적으로 참여하고 토론하는 문화가 부족한 나라에서 온 싸오에게 미국의 수업 방식은 너무 힘들 터였다. 다음은 싸오가 쓴 일기의 발췌본으로, 그녀는 학기 초에 느꼈던 어려움을 이렇게 묘사했다.

베트남의 문화는 사회통합을 가치 있게 여기기 때문에 통합을 해치는 행동은 절대 용납되지 않는다. 그래서 나는 어렸을 때부터 사람들 앞에서 누군가와 논쟁하거나 내가 옳고 너는 틀렸다고 말하는 건 상대의 체면을 깎아내리는 일이라고 배웠다. 내가 수업시간에 남의 의견은 틀렸고 내가 옳다는 사실을 입증하는 걸 불편해하는 이유는 바로 거기에 있다. 미국에서는 수업에 적극적으로 참여해야만 좋은 성적을 올릴 수 있다는 사실을 알고는 있지만, 마음 깊은 곳에서는 어쩐지 내가 굉장히 잘못하고 있다는 기분이 들었다. 온몸이 떨렸고, 식은땀이 났다. 교수님의 눈을 똑바로 쳐다볼 수가 없었고, 죄책감까지 들었다.

그녀는 모든 면에서 실력이 출중한 풀브라이트 장학생이었지만, 당시 우리 대학에서는 수업 참여 점수 비중이 성적의 절반을 차지한다는 게 문제였다. 다른 사람들과 어울리는 일을 힘들어하는 그녀에게는 학교에 다니는 것 자체가 높다란 장벽이었다.

내가 이 책에서 싸오의 케이스를 선택한 이유는 그녀에게 생긴 커다란 변화 때문이다. 많은 학생들이 나의 수업을 통해 자신이 두려워하는 상황의 핵심을 직시하게 되고, 그들이 직면한 두려움의 실체를 분명히 이해하게 되는데 싸오는 이런 성과를 보인 학생들 중에서도 특히 대표적인 사례였다.

6주라는 짧은 기간 동안에 수업 참여에 대한 두려움을 완전히 극복하고 오히려 모든 상황을 즐기게 되었기 때문이다. 이제 그녀는 다른 학생들에게 기회를 주기 위해 가끔 교수가 제지해야 할 정도로 열정적으로 수업에 참여하게 되었다.

이미 알고 있겠지만, 이 책에서 소개한 다른 많은 사람들 역시 부담의 벽 너머로 발을 내디딘 후에 놀라운 깨달음을 얻었다. 그중엔 애니 존스도 있다. 자신을 함부로 대하는 동료에게 맞서기 위해 용기를 낸 후에 자신의 한계였던 경계선을 뛰어넘으면 얼마나 큰 힘이 생기는지를 알게 되었다.

도전을 향한 확신이 생기자 두려움이 눈처럼 녹아내렸

고, 자신을 무례하게 대했던 남자와 담판을 지은 일을 계기로 다른 상황에서도 훨씬 더 적극적으로 행동하게 되었다. 생각만큼 어렵지 않았고, 생각한 것보다 훨씬 더 많은 일들이 이루어졌다.

두 번째 발견 :
"난 할 수 있고,
생각보다 이 일에 소질이 있다는 걸 알게 되었다!"

앞서 소개한 셰릴 샌드버그는 베스트셀러 《린 인Lean In》에서 오늘을 사는 여성들이 자신에게 주어진 기회 앞에서 너무 멈칫거리며 주저한다고 비판하면서, 사회적 이력을 쌓는 과정에서 '더 이상 움츠리지lean back' 말고 기회에 과감히 달려들어 '앞으로 나아가라lean in'고 주문했다. 샌드버그는 이렇게 말했다.

"도전하기 전까지는 당신에게 어떤 능력이 숨겨져 있는지 결코 알지 못합니다."

지난 수백 년 동안 인간 심리에 대해 다양하고 심도 깊은 연구가 줄기차게 진행되어 왔는데, 그 결과 한 가지 놀라운 사실이 입증되었다. 그것은 바로 인간은 미래를 예측하는 일에 별로 소질이 없다는 것이다. 특히 자기 자신에 관한 예측일수록 더 그렇다.

우리에겐 습관적으로, 그리고 만성적으로 자신의 능력을 과소평가하는 습성이 있다. 그중에 대표적인 케이스가 바로 나였다.

나는 첫아이가 태어났을 때 이런 사실을 실감했었다. 2004년에 나는 종신교수 임명을 받으려고 무진 애를 쓰고 있었다. 그 과정에서 학교 당국은 내가 일궈온 학문적 업적에 대해 수백 명에 달하는 전문가들에게 나에 대한 평가서를 작성해달라고 요청했는데, 이는 참으로 길고 지난한 과정이었다.

나는 직접 확인할 수도 없는 평가서가 나의 운명을 결정하게 되는 것인데, 문제는 이 과정에서 실패하면 곧장 해고로 이어진다는 점이었다. 보통은 다른 일자리를 찾을 수 있도록 1년 정도 안식년을 주지만 나에 대해 부정적인 평가가 내려지면 당장 짐을 싸고 대학을 떠나야 했다.

바로 그 시기에 첫아이가 태어났다. 아버지가 되었다는

기쁨과 자부심에 가슴이 벅차올랐지만, 동시에 종신교수 재직의 권한을 얻기 위한 여정이 계속된다는 부담감이 나를 짓눌렀다.

게다가 MBA에서 강의하면서 동시에 대학에서 요구하는 각종 업무를 관장하다 보니 하루에 2~3시간밖에 잘 수 없었다. 그 시기는 내 인생에서 여유시간이 가장 부족했던 때로, 나는 장래에 대한 불안감 때문에 잔뜩 겁에 질린 채 하루하루를 보내야 했다.

어느 것 하나 확실하지 않은 날들이 흐르는 동안 형편없이 작아지는 기분이었지만, 결과적으로 나는 모두 잘해냈다. 아내의 든든한 지원 덕분에 아주 가정적인 아빠가 될 수 있었고, 교수에게 주어지는 일을 모두 현명하게 처리하면서 한 사람의 교육자로서 자리를 잡아나갈 수 있었다.

이쯤에서 초등학교 교장 필 릭을 소개하겠다. 그가 완전히 자신의 안전지대를 벗어난 경험한 하게 된 곤혹스러움은 이 책을 집필하는 과정에서 만난 사례들과는 조금 달랐다.

처음 만났을 때, 그는 돼지 입술에 뽀뽀를 해야 하는 황당한 처지에 놓여 있었다. 그가 근무하는 초등학교엔 전임 교장이 시작한 특별한 전통이 있었다. '독서의 달'로 지정된

한 달 동안 학생들이 정해진 분량 이상으로 책을 읽으면 교장이 아이들을 즐겁게 하는 퍼포먼스를 하는 것이었다.

돼지를 힘껏 껴안고 입을 맞추는 일을 전혀 두려워하지 않았던 전임 교장은 살아 있는 돼지를 학교에 들여와 녀석의 입에 뽀뽀를 하는 걸 공약으로 내걸었고, 아이들이 약속을 지키자 실제로 그렇게 했다.

필은 진심으로 아이들을 사랑하고 가르치는 일을 천직으로 여기는 교육자였지만, 돼지에게 입을 맞추는 퍼포먼스를 실행하는 일은 죽었다 깨어나도 할 수 없는 일이었다.

아이들이 비명을 지르며 웃어대는 가운데 무대 위에서 돼지의 두툼한 입술에 뽀뽀를 하는 상상을 하는 것만으로도 그는 진저리를 쳤다.

하지만 그는 학교의 전통을 깨는 행동도 하고 싶지 않았다. 게다가 아이들이 그 전통을 무척이나 좋아했다. 그래서 그는 어떻게 했을까? 결국 필은 이 책에서 우리가 이야기했던 여러 전략들 중 하나를 선택했다. '맞춤화'였다.

그는 이런 생각을 했다.

"아이들 앞에 북아메리카 인디언 모호크족의 옷차림을 하고 나타나면 멋지지 않을까?"

용맹하기로 유명한 모호크족의 전설을 들으며 자란 아이들에게 교장이 그런 차림으로 나타난다면 돼지의 입에 뽀뽀를 하는 것보다 훨씬 재미있고 교육적인 일이 될 것이다.

물론 우스꽝스런 복장을 하고 무대 위에 오르는 건 여전히 한계 밖의 일이지만, 아이들을 위해 그 정도는 견딜 수 있을 것 같았다. 마침내 그가 모호크족 추장의 옷차림으로 무대에 올랐을 때, 이 아이디어는 마법처럼 효과를 발휘했다. 아이들은 환호했고, 학교의 새로운 전통이 되었다.

필은 이 일을 통해 할 수 있다는 자신감을 얻었다고 말했다. 그런 행동이 과묵하고 내성적인 성격에서 한참 벗어난 일임에 틀림없지만, 그렇게 우스꽝스러운 행동도 막상 닥치고 보니 별것 아니라는 자신감으로 이어졌다.

그리고 흥미롭게도 시간이 지날수록 이런 행동은 그에게 새로운 성격으로 자리 잡게 되었다. 필은 말하기를 그것이 억지로 가짜 모습을 꾸며내는 게 아니라 그런 부분 역시 자신의 진짜 모습 중 하나라는 걸 알게 되었다고 했다.

독자 여러분이 이 책에서 만난 다른 사람들 역시 이런 기쁨을 누렸다. 애니 존스가 자신에게 면박을 준 릭 슈미츠와 맞서기 위해 한 걸음 내디뎠을 때, 그녀는 그런 행동이 생각만큼 어렵지 않을 뿐더러 막상 부딪치고 나니 성취감이 차오른다는 사실을 알게 되었다.

오랫동안 전업주부로 지내면서 경력단절을 겪었던 아만다 니커슨은 자기 스스로에 대해, 그리고 자신의 직업적 전문성에 대해 불안을 느꼈지만 구직 면접에서 오간 대화를 통해 모든 일이 생각한 것만큼 어렵지 않을 뿐더러 아주 잘 해낼 수 있다는 사실을 알게 되었다.

'캔 두 정신can-do cognition'이라는 말을 알고 있는가? 우리가 어떤 일을 해낼 수 있다고 느끼는 순간 불현듯 자신감이 솟구치는 걸 뜻하는 이 말은 눈앞의 상황을 성공적으로 헤쳐나갈 능력이 자신에게 충만하다는 확신을 뜻한다.

어렸을 때 즐겨 읽었던 고전동화 《씩씩한 꼬마 기관차 The Little Engine That Could》의 주인공 꼬마 기관차는 자신보다 훨씬 거대한 기차를 끌고 가는 동안 이렇게 말한다.

"난 할 수 있어! 난 할 수 있어!"

강력한 확신이 앞에서 이끌고, 당신에게 맞는 방식의 행동 습관이 뒤에서 등을 밀어 마침내 부담의 벽 너머로 한 걸음 내디디게 될 때, 성공의 경험은 자신감을 높이는 노력에 강력한 도구로 쓰이게 된다. 스탠포드대학의 앨버트 반 듀라Albert Bandura 교수는 이렇게 말했다.

"할 수 있다는 정신이 강한 사람들은 그렇지 않은 사람들에 비해 자신 있게 도전에 나서고, 참여하는 활동에 더 깊은 관심을 보이며, 시련과 장애물이 나타나도 빠른 시간 내에 극복하는 경향을 보인다. 할 수 있다고 생각하고 직접 실행하는 습관만으로도 자신의 한계를 뛰어넘는 강력한 힘을 발휘할 수 있는 것이다."

하버드 비즈니스스쿨
인간관계론 강의

Reach

A New Strategy to Help You
Step Outside Your Comfort Zone

'한 번의' 용기를
'평생의' 습관으로 만들기

이제 우리는 이제까지의 행동 습관을 새롭게 바꾸는 과정에서 마주치게 되는 어려움에 대해 알게 되었다. 그리고 부담스러운 과제를 마주쳐야 한다는 압박감이 부르는 심적 고통 때문에 많은 사람들이 회피를 선택하는 것에 대해서도 알게 되었다.

또한 그런 어려움들을 극복할 방법에 대해서도 알게 되었는데 거기엔 강력한 목적의식과 확신, 자신이 좋아하는 방식을 찾는 법, 그리고 왜곡되고 과장된 사고방식을 피하기 위해 분명하게 자아 인식을 해야 한다는 사실도 배웠다.

또한 이런 방법들을 활용해서 한 걸음 내디딜 용기를 얻을 때 우리가 그동안 두려워했던 일에 당당하게 도전할 수 있다는 사실도 알게 되었다. 그뿐만 아니라 실제로 도전에 나서고 보니 생각보다 어렵지 않고, 그 일을 해낼 능력이 자신에게 있다는 사실도 알게 되었다.

여기서 한 가지 중요한 과제가 남아 있다. 이렇게 얻은 도구들을 온전히 내 것으로 만들려면 어떻게 해야 할까? 어떻게 하면 어렵사리 익힌 행동 습관들이 더 단단하게 뿌리 내릴 수 있을까? 이제부터 이런 내용들을 알아보기로 하자.

관계에서 나를
소진시키지 않는
3가지 행동습관

모델은 내가 만난 가장 불안한 사람들 중 하나다.
그들은 '부족하다'는 말을 끊임없이 들으니까.
정말로 자신을 사랑하는 연습을 해야 한다.

_ 미란다 커(Miranda Kerr, 호주의 모델)

사라 린덴은 뉴햄프셔에서 제일 큰 잡화점을 향해 걸어
가면서 억지로 미소 지으려고 애를 썼다. 그녀는 연신 혼잣
말을 했다.

"넌 할 수 있어. 네가 만든 제품은 아주 훌륭해. 게다가
경쟁 상품도 없으니 정말 좋은 기회야."

염소농장을 운영하는 그녀는 오랫동안 부업으로 품질 좋
은 염소젖 비누를 만들기 위해 노력해왔다. 그 결과, 그녀가
만든 비누는 지인들에게 인기리에 팔렸고 지역에서 열리는
생산자 직거래 장터에서도 호평을 받았다.

하지만 이번 일은 달랐다. 이제까지 그녀는 뉴햄프셔에
서 가장 훌륭한 수공업 제품만 선별해서 판매하는 이 잡화
점에 자신이 만든 제품을 내놓는 걸 상상해본 적이 없었다.
하지만 사라는 이제 때가 됐다고 생각했다. 1년 넘게 지역

시장에서 판매하면서 누구 하나 비판적인 의견을 내놓는 사람들이 없을 만큼 제품이 우수하니 좀 더 큰 시장에 진출하는 게 당연하다고 생각했다.

사라는 사전 조사까지 철저히 마쳤다. 지역에서 명성이 높은 이 잡화점을 지난 몇 달 동안 여러 차례 방문해서 경쟁 상품이 없다는 걸 확인했고, 그것을 자기가 만든 비누에 대한 잠재적 수요로 해석했다.

크게 한 번 심호흡을 한 뒤에, 사라는 잡화점의 문을 열고 안으로 들어갔다. 그녀는 사무실까지 단숨에 걸어 들어가 두꺼운 목재 테이블 위에 비누 꾸러미를 내려놓고는 직원의 얼굴을 똑바로 응시하며 말문을 열었다.

"염소젖 비누를 좀 가져와 봤어요. 이곳에 납품하고 싶습니다."

심장이 터질 것 같았지만, 그래도 침착하게 말을 이어 갔다.

"분명히 이 비누가 마음에 드실 거예요. 현재 판매하는 제품 중에 이와 비슷한 비누는 없다고 알고 있습니다. 판매 목록에 추가해도 손색이 없을 만큼 좋은 제품이에요."

그녀는 여기까지 말하고 답을 기다렸다. 잠시 침묵이 흘렀다. 얼마 후, 직원은 고개도 들지 않은 채 퉁명스럽게 말했다.

"그럴 수 없습니다."

그럴 수 없다고? 사라는 지난 몇 주 동안 이런 상황에 대비해 리허설도 여러 번 했었다. 물론 거절당할 가능성도 있다고 생각했지만, 실제로 이렇게 될 줄은 몰랐다. 그녀에게 도전은 잡화점으로 들어가 담당 직원에게 이야기를 하는 것까지였지 실제로 거절을 당했을 때 어떻게 해야 할지는 생각해본 적이 없었다.

사라는 좌절했지만, 그래도 계속 이야기했다. 이번에는 목소리에 절박함이 더해졌다.

"진심이신가요? 마을에서 염소농장을 운영하고 있어요. 비누도 직접 만들고 있고요. 게다가……."

"염소젖 비누든, 양젖 비누든, 전혀 관심 없어요!"

직원은 책상에 코를 박은 채 똑같은 대답으로 못을 박았다. 그걸로 끝이었다. 사라는 시간을 내주어 감사하다는 말을 남기고 그곳을 떠났다. 왜 비누를 사줄 수 없는지 물어볼 수도 있었지만, 그 순간 사라는 무방비 상태였고 더 솔직하게 말하자면 상대에게 압도되고 말았다.

사라의 이야기를 듣고, 그녀가 안쓰럽다는 생각이 들었다. 실제 상황은 더 비참했을 것이다. 그러니 이렇게 큰 실패를 겪은 사라가 자신의 안전한 영역으로 되돌아가 예전처럼 염소를 돌보고 지역 시장에 비누를 내다팔기는 하지만, 다른 잡화점에 납품하는 건 결코 생각하지 않았다고 해도 놀라지 않았을 것이다.

하지만 실제로 벌어진 일은 전혀 달랐다. 사라는 용기를 내어 다른 잡화점에 도전했고, 놀랍게도 그곳에서는 사라의 비누를 받아주었다. 물론 금세 일어난 일은 아니었고, 그 과정에 난관도 있었지만 아무튼 그녀는 해냈다.

여기서 중요한 점은 사라가 포기하지 않았다는 것이다. 오히려 정반대였다. 사라는 장애물을 힘차게 밀쳐버리고 앞으로 나아갔다. 살면서 만나는 크고 작은 장애물 따위는 인생 전체를 놓고 볼 때 아무것도 아니라는 사실을 알고 있었던 것이다.

그녀는 실패를 극복하고 앞으로 나아갈 수 있는 힘과 용기가 자신에게 있다는 사실을 알고 있었다. 이번 장에서, 나의 목표는 당신도 사라와 똑같이 할 수 있도록 돕는 것이다.

대부분의 사람들은 살면서 한두 번쯤 직면하는 어려움에 대해서는 한계를 뛰어넘을 용기를 내기도 한다. 하지만 진짜 어려운 것은 그런 일들이 여러 번 반복되면 도전의 의욕을 모조리 잃어버린다는 사실이다.

하지만 그런 때일수록 행동 습관을 바꾸는 '마법의 풀'이 필요하다. 집념과 투쟁심과 용기를 자신의 행동 습관에 딱 달라붙어 떨어지지 않게 만들 풀 말이다. 앞으로 이어질 내용을 통해 이 풀의 재료들을 살펴보자.

첫 번째 재료 :
진지하고 꾸준한 연습

꾸준한 연습은 새로 얻은 지식과 기술을 내 것으로 만드는 과정에서 제일 중요하다. 운동선수들은 새로운 기술을 익힐 때 그것이 완전히 몸에 익을 때까지 연습 과정을 무수히 반복한다.

여기에 다른 비결은 없다. 땀과 눈물로 얼룩진 연습만이 그를 챔피언으로 만들 뿐이다. 운동선수들의 진지하고 꾸준한 훈련법을 배워 안전지대에서 탈출하는 과정에 활용하자.

무엇보다 연습을 계획하고 준비하는 과정이 중요하다. 운동선수들은 어떤 상황을 반복적으로 연습하되 점차 난이도를 높여가는 게 효과적이라고 말한다. 여기서 제일 중요한 것은 기본을 잊지 말아야 한다는 것이다.

예를 들어 대단히 뛰어나지만 경험은 턱없이 부족한 야구선수를 곧장 메이저리그에 진출시킨다고 가정해보자. 그 선수는 엄청난 기회에 당장은 신이 날지 모르지만 성공을 거둘 확률은 거의 없다.

섣불리 메이저리그에 도전했다가 쓴맛을 본 수많은 젊은 유망주들을 보면 알 수 있다. 그중 일부는 다시는 메이저리그 수준의 실력을 회복하지 못했을 뿐만 아니라 심지어 운동 자체를 못하게 된 경우도 있다.

어린 자녀를 둔 부모라면 아이의 현재 읽기 수준에 딱 맞는 책을 고르는 게 얼마나 중요한지 잘 알 것이다. 아이가 아무리 뛰어나도 계속해서 새로운 읽기 습관을 습득하는 데 도움이 되는 수준이어야지 단번에 몇 계단을 뛰어오르면 흥미를 잃게 된다.

자기만의 안전지대를 벗어나는 연습에도 똑같은 논리가 적용된다. 자기 자신을 너무 의기소침하게 만들지 않을 정도의 수준에서 연습 상황을 찾아야지 감당하기 어려운 연습에 도전하면 실패가 당연하다.

애니 존슨을 기억할 것이다. 그녀는 고객과 상담을 진행할 때마다 잘난 척 빼기며 멋대로 행동하는 선배에게 어떻게 대응해야 할지 몰라 난감했다. 하지만 그녀는 스스로 자신감을 이끌어내어 그에게 당당히 맞섰고, 결국 그는 자신의 잘못을 인정하며 사과했다.

이 일로 그녀는 자신감을 얻었지만, 자신감이란 원래 잃어버리기도 쉬운 것이라는 게 문제였다. 릭에게 당당히 맞서 그를 무릎 꿇린 일은 자랑스러웠지만 그 자신감을 앞으로도 계속 유지할 수 있을지, 직장에서 발생하는 다른 상황에서도 이 전략을 적용할 수 있을지 걱정이 되었다.

직장에서 자신감이 필요한 상황은 늘 발생하고, 그때마다 동료들에게 자신감을 보여줄수록 유리하다. 애니는 아이디어가 넘치는 여성임에도 부서의 회의시간에 입도 벙긋못했다. 임원 중에 유일한 여성이고 가장 어린 축에 속하기 때문에 누군가 자신의 말을 무시할까 봐 겁이 났던 것이다.

그 무렵 애니는 맡은 책임을 제대로 소화해내지 못하는 남성 부하직원과 일하고 있었는데, 그가 애니를 교묘히 이용하고 있다는 생각을 지울 수 없었다. 바로 그때 애니는 새롭게 얻은 자신감을 어떻게든 표출하고 싶었고, 그 상대로 제임스라는 그 부하직원이 딱 적당하다고 생각했다.

그 무렵 제임스는 일정 기간 재택근무를 허락받고 일했는데 자기에게 할당된 업무량을 제대로 소화해내지 못했고, 그런 부분이 애니의 실적에도 부정적인 영향을 미치고 있었다. 애니는 주저하지 않고 제임스를 불렀다.

"재택근무 시간에 비해 업무 실적이 무척이나 부족하다는 사실을 알고 있나요? 재택근무가 당신에게 어울리지 않으니 당장 해결책을 찾아야겠군요. 하지만 내 결정이 부당하고, 재택근무가 당신에게 맞는다고 생각하면 더 많은 성과를 보여주세요."

결과는 기대 이상이었다. 제임스가 당장 열심히 일하는 모습을 보여줬을 뿐만 아니라 전보다 훨씬 많은 성과를 내게 되었기 때문이다. 이는 애니가 직접적으로 문제를 거론

하지 않았다면 결코 얻을 수 없는 결과였다.

그 뒤로도 많은 일에 자신감 넘치는 모습을 보이면서, 애니는 종종 스스로에게 놀라곤 했다. 자기 입에서 나온 말을 듣고, 그것이 실제로 자기가 뱉은 말이라는 걸 믿을 수 없어 소스라치는 것이다.

하지만 그 말을 뱉은 사람도, 그렇게 행동한 사람도 모두 애니였다. 시간이 지남에 따라 애니는 상대하기 힘들다고 생각하는 사람들에게 자신감 있게 대하는 것을 자신의 '행동 습관 목록'에 추가하게 되었다. 그만큼 성장한 것이다.

두 번째 재료 :
학습과 실험 정신

최근에 당신이 버거운 도전을 했다가 겪은 가장 힘들었던 일을 떠올려 보라. 내 경우엔 우리 집 강아지의 배변 훈련이었다. 나는 이런 방면에 인내심이 강한 사람이 아니다. 더구나 내게 동물의 심리를 읽는 기술이 있는 것도 아니다.

그 녀석의 배변 훈련에 쏟은 노력이 모조리 물거품이 되었을 때, 그러니까 나의 온갖 노력에도 불구하고 그 녀석이

집안 곳곳에 배설물을 제멋대로 흘리고 다닐 때, 나는 스스로에게 실망하면서 내가 애완견과는 전혀 맞지 않는 사람이라고 결론지었다.

하지만 나는 생각이 더 극단으로 치닫기 전에 그쯤에서 멈췄다. 우리 집에서 계속 강아지를 기를 계획이라면 거기서 손을 들 수는 없는 일이었다. 그때부터 나는 오래 전에 우리 집에서 다른 애완견을 키웠을 때 어떻게 배변 훈련에 임했었는지 생각하기 시작했다.

나는 애완견을 훈련시키는 일도 학습 과정의 하나라고 생각했다. 따라서 처음엔 서툰 것이 당연하고, 열심히 하다 보면 점점 나아질 수 있을 거라고 믿었다. 그렇게 생각하니 일이 훨씬 쉬워졌다. 나는 여러 번의 시행착오 끝에 마침내 성공했고, 그 녀석은 이 책을 쓰는 내내 나의 발치에서 잠자코 앉아 있게 되었다.

스탠포드대학의 캐롤 드웩Carol Dweck 교수는 《마인드세트 Mindset》라는 책에서 학습에 관한 두 종류의 마음가짐에 대해 말한다. 마인드세트의 사전적 의미는 '사고방식'이나 '마음가짐'이라는 뜻인데, 여기엔 '고정된 마인드세트fixed mindset'와 '성장하는 마인드세트growth mindset'가 있다는 것이다.

고정된 마인드세트를 가진 사람은 힘든 일을 만날 때마다 그것이 살면서 만나는 불가피한 일이 아니라 자신의 타고난 한계라고 곧이곧대로 받아들이며 재빨리 무릎을 꿇어버린다. 이런 수동적인 사고방식 탓에 그의 삶은 우물 안 개구리가 아니면 항상 제자리걸음이다.

반면에 실패나 좌절, 실망을 살면서 만나는 불가피한 일이라고 여기며 다시 툭툭 털고 일어서는 마음가짐을 성장하는 마인드세트라고 한다. 이런 긍정적인 마음가짐 덕분에 그의 삶은 보다 진취적이고 미래지향적이 된다.

자기만의 안전지대를 벗어나려면 반드시 성장하는 마인드세트가 필요하다. 변화를 위한 노력을 행동 습관으로 만들기 위해서는 더욱 그렇다. 실패나 좌절 따위는 살면서 피할 수 없는 일이니 얼마든지 견딜 수 있다고 생각하는 마음 말이다.

펜실베이니아대학 심리학과 교수이자 세계적인 베스트셀러《그릿Grit》의 저자인 앤절라 더크워스Angela Duckworth는 성장하는 마인드세트에 대해 '실패와 역경이 닥쳐도 결코 비관적으로 대응하지 않고, 배움과 노력을 통해 성공으로 달려가는 정신'이라고 설명했다. 그런가 하면 빌 게이츠는 마인드세트가 마이크로소프트에서 창조하고자 하는 변화의 핵심이라며 이렇게 말했다.

"성장하는 마인드세트를 가진 사람은 지능을 포함한 모든 기본적 자질들을 마치 근육처럼 키울 수 있다고 생각한다. 그렇다고 그들이 물리학 숙제를 열심히 하고 점프슛을 꾸준히 연습하면 누구나 아인슈타인이나 마이클 조던처럼 될 수 있다고 믿는다는 건 아니다. 다만, 그들은 인간의 진정한 잠재력은 결코 끝을 알 수 없는 것이라고 믿는다. 그들은 열정과 노력, 그리고 훈련을 통해 어떤 성과도 얻을 수 있다고 믿기에 어떤 힘든 도전도 마다하지 않고 자신을 개선할 수 있는 기회를 꾸준히 모색한다."

부임한 지 얼마 안 되는 초등학교 5학년 수학교사 리사 로즈의 사례를 보자. 그녀는 교사 경력이 쌓이면서 관심을 끌지 못하고 소외되는 아이가 있게 마련이며, 수업 내용을 따라잡지 못하는 아이도 생길 수 있다는 사실을 점점 편안하게 받아들이게 되었다.

예전의 리사는 가르치는 일에 관한 한 완벽주의자였다.

아이들에게 일일이 관심을 기울이다 보면 누구나 스스로 성장의 발판을 마련할 수 있으리라고 믿었다. 그녀가 상대적으로 월급이 많은 마케팅회사를 떠나 교편을 잡은 이유도 바로 그것이었다. 한 사람의 교육자로서 아이들에게 무한 헌신하여 나름의 보람을 찾는 일이 그녀가 목표한 행복이었다.

하지만 그녀는 이내 교육이라는 냉엄한 현실과 마주하게 되었다. 그녀는 스물다섯에 천방지축인 아이들의 담임이 되었고, 아이들이 저마다 다른 학습 능력과 방식을 갖고 있다는 사실을 알게 되었다. 어떤 아이는 '1+1=2' 같은 아주 쉬운 개념조차 아무리 반복해서 설명해줘도 이해하지 못했다.

리사는 어떻게든 상황을 바꾸고 싶었지만, 아무리 노력해도 그런 도전이 아무 의미가 없다는 사실이 명백해져 갔다. 아직 신출내기에 불과했던 그녀는 자존감이 점점 낮아져 갔고, 자신이 교사로서 실패했으며 이 길로 들어선 것 자체가 잘못이라고 믿게 되었다.

하지만 그녀에겐 성장하는 마인드세트가 있었다. 교사로

서 자기 역량에 한계가 정해져 있는 건 아니며 무엇보다도 자신에게 조금은 관대해져도 괜찮다고 생각하게 되었다.

물론 생각만큼 쉬운 일은 아니었다. 하지만 그런 깨달음을 얻고 나니 아이들을 예전보다 훨씬 관대하고 다감한 눈으로 바라볼 수 있었다. 아이들은 저마다의 삶에서 나름의 가능성을 가지고 태어났으며, 교사는 아이들에게 저마다 다른 풍경의 길을 열어주는 사람이라는 걸 알게 된 것이다.

작은 승리를 더 큰 승리를 위한 발판으로

안전지대를 벗어나는 과정에서 반드시 자기만의 무기고에 넣어둬야 할 또 하나의 도구가 있다. 바로 '인지認知'의 힘이다. 인지란 원래 생각, 지각, 문제 해결, 기억, 언어능력 같은 인간의 지적인 기능을 가리킨다.

하지만 이 책에서는 한 걸음 더 나아가 부담의 장벽을 벗어나는 경험의 긍정적인 면을 순순히 받아들이고, 그 결과를 온전히 내 것으로 만드는 능력을 말한다.

예컨대 목표한 행동을 처음 시작했을 때 느낀 자부심을 기억하는 일, 막상 도전에 뛰어들자 그동안 남몰래 간직하고 있던 불안감이 눈 녹듯이 사라지던 느낌을 떠올리는 것이 여기에 속한다.

예를 들어 누군가 고소공포증이 있어 높은 빌딩에 오르는 일이 힘들었는데, 마음을 다잡고 도전을 했더니 생각만큼 힘들지 않았다면 이때의 느낌을 간직하라는 것이다. 이런 긍정적인 기억은 다음 도전에 필요한 자신감의 원천이 되고, 불안과 두려움을 이겨내는 데 요긴하게 활용된다.

작은 성취, 또는 작은 승리들이 강력한 힘을 발휘하는 이유는 그것이 당신의 힘으로 직접 일궈낸 경험이기 때문이다. 그렇기에 심리학자들은 내적인 동기가 외적인 보상보다 더 강력하고 더 오래 지속된다고 말하는 것이다.

하버드대학의 테레사 애머빌Teresa Amabile 교수와 스티븐 크라머Steven Kramer 교수가 함께 쓴 《진보의 법칙The Progress Principle》에 이런 문장이 보인다.

"매일 얻는 작은 승리나 사소하지만 의미 있는 성취 경험을 온전히 자기 것으로 만들 줄 아는 사람들은 직업적인 몰입도가 높고, 결과적으로 자기 삶에서 성공한다."

일상의 모든 영역에서 직간접으로 경험하는 것들을, 그것이 무엇이 되었든 성장의 발판으로 만들어내는 사람이 진정한 성공자가 된다는 뜻이다.

이때 필요한 것이 바로 인지의 힘이다. 이를 달리 말하면, 부담을 넘어서는 동안에 경험하는 긍정적인 기분은 아무리 사소한 것이라도 가슴속에 새겨 두는 게 필요하다는 뜻이다.

이 책을 집필하기 위해 만난 많은 사람들 역시 부담의 벽을 벗어나면서 겪은 긍정적 경험이 다음의 도전에서 발생하는 불안감을 어떻게 감소시켜 주었는지 말해주었다.

로저 에반스는 협업을 위해 힘껏 노력한 결과 마침내 새로운 회사에 어울리는 사람이 되었을 때 느낀 짜릿한 기분에 대해 말했다. 애니 존스는 힘든 일을 감당했을 때의 통쾌한 기분을 계속 유지하면서 다른 영역에서도 자신감 있는 태도를 유지하고 싶을 때는 자기가 얼마나 강한 사람인지를 떠올렸다고 말했다.

행동 습관을 바꾸는 일은 마라톤과 같다

달리기나 자전거, 또는 산책을 즐기는 사람이라면 거리를 따라 늘어선 주행거리 표지판을 본 적이 있을 것이다. 주행거리 표지판은 당신이 얼마나 멀리 왔는지 보여주고, 앞으로 남은 거리도 알려주는 역할을 한다.

부담의 벽을 넘는 과정도 마찬가지다. 행동 습관을 바꾸기 위한 노력이 한창일 때, 당신이 얼마나 왔고 앞으로 얼마나 더 가야 하는지를 알려주는 주행거리 표지판이 있다면 한결 큰 효과를 거둘 수 있다.

부담의 벽을 넘는 과정은 5단계를 거치게 되는데, 각 단계를 성장 지표로 활용할 수 있다. 이것을 주행거리 표지판에 비유해서 설명해보겠다.

첫 번째는 '회피 단계'로, 벽 너머로 한 발짝도 나가지 않은 경우를 말한다. 난생 처음 기업에서 강의를 해달라는 요청을 받았을 때, 그건 나의 안전지대 밖에 존재하는 먼 나라 이야기라고 여겼던 일이 생각난다.

나는 반사적으로 거절했고, 다른 기업의 요청에도 마찬가지였다. 그런 강의는 교육자의 커리어에 도움이 되지 않는다거나 시간 낭비라고 핑계를 대며 계속 내 행동을 합리화했지만, 사실은 그냥 겁에 질려 둘러대는 회피에 불과했다.

자신이 지금 어떤 행동을 회피하고 있는지를 분명히 인지하는 것은 내가 '고려 단계'라고 부르는 두 번째 단계로의 진입에 결정적인 역할을 한다.

이 단계에서 사람들은 미지의 세계로의 도전을 요모조모 생각해본다. 나의 고려 단계가 어땠었는지 기억난다. 나는 어느 대기업으로부터 강의와 교육을 맡아달라는 이메일 한 통을 받았고, 그 즉시 불안감이 먹구름처럼 머릿속을 가득 채웠다.

연단에 오르면 어떤 기분일지, 대체 무슨 말을 할 수 있을지, 수강생들을 어떻게 내 말에 귀를 기울이게 할지 모든 게 걱정되었다. 그러면서 컴퓨터를 열고 내가 할 수 있는 강의에 대해 밑그림을 그려보기도 했었다.

그러나 끝내 승낙하지는 않았는데, 그럼에도 분명히 머릿속으로 그 제안에 대해 요모조모 생각해보기 시작했으니 회피 단계를 기준으로 한다면 굉장한 진전이었다.

세 번째는 '시도 단계'다. 이제 당신은 회의장에서 의견을 발표하고, 상사에게 월급을 올려달라고 요구하고, 까다로운 거래처 사장에게 전화를 걸고, 전에는 자신이 없어 도전을 주저하던 일을 소극적이나마 하나하나 추진해본다.

이 단계에서 당신은 마침내 회피와 고민을 끝내고 실제

로 한 걸음 도약하게 된다. 하지만 이 단계가 항상 해피엔딩으로 끝나는 건 아니다. 사실 이 단계는 적어도 초반에는 실패로 귀결되기가 쉬운데, 기업의 초청을 받아 처음 연단에 섰을 때 나 역시 실패를 경험했다. 큰 용기를 내어 연단에 섰지만 강의가 지나치게 길고, 너무 전문적이었던 것이다.

신참내기 교수가 되어 맨 처음 교수회의에 참석해서 의견을 발표하던 때가 생각난다. 이러다 심장이 밖으로 튀어나오는 게 아닐까 걱정될 정도로 쿵쾅거렸다. 나는 남들이 어떻게 생각할지 고민하며 할 말을 정리했고, 마음속으로 한 번 더 읊은 뒤에야 간신히 말을 꺼냈다.

하지만 회의가 끝났을 때, 누구도 내 말을 제대로 이해하지 못했다는 사실을 알 수 있었다. 앞뒤 맥락 없이 횡설수설 내뱉은 말이 교수들에게 얼마나 우스꽝스럽게 보였을지 두고두고 얼굴이 뜨거웠다.

그러나 결과야 어쨌든 나는 한 걸음을 뗀 것이고, 개인적으로 아주 큰 전환점을 돈 셈이었다. 나는 그것만으로도 크게 성장한 것이니 아주 만족했다.

시도 단계에서는 나처럼 누구나 실패할 수 있다. 그러니

이 단계에 들어선 당신이 어쩌다 실수를 저질렀다 해도 지금까지 올라온 사다리를 되짚어 내려가지 않기를 바란다. 당신은 아직도 여전히 초보에 불과하다. 전문가가 아니라는 얘기다. 그러니 계속 앞으로 나아가라. 멘토나 감정 코치를 구하거나 신뢰하는 사람으로부터 피드백을 받아보라.

이 단계에서 내가 가장 강조하고 싶은 말은 계속 밀고 나가라는 것이다. 끝까지 버텨라. 시도 단계에서 끈질기게 버티다 보면 어느 순간 등을 밀어주는 바람과 그때까지의 경험에 힘입어서 네 번째 단계로 나아갈 수 있게 된다.

이 단계에서 당신은 어떤 행동을 시도해보는 데 그치지 않고, 그 경험을 자신의 것으로 만드는 방법을 찾아 나서게 된다. 나는 이를 '발전 단계'라 부르는데, 이 단계는 맞춤형 행동을 습득하면서 자신만의 스타일을 다듬어 완벽하게 만들어나가게 된다.

당신의 스타일을 이루는 요소들 중에서 일부는 효과가 있고, 일부는 효과가 없을지 모른다. 그래서 당신은 이 단계에서 여러 가지를 시도해 보고, 피드백을 받고, 적용하고, 다시 시도하는 실험 과정을 거치게 된다.

발전 단계에서는 그저 살아남기 위해, 또는 그렇게 하기로 정했기에 행동하는 데 그쳤던 예전보다 훨씬 더 적극적이고 주도적으로 행동하게 된다. 그렇기에 새로 얻은 기술을 다른 분야로 확대 적용하는 노력을 기울이는 일이 자주 생긴다.

발전 단계에서는 기술을 완벽하게 연마하고, 새로 습득한 행동이 보다 자연스럽고 효과적일 수 있도록 자신의 것으로 만들어가는 방법을 모색한다.

그러다 당신은 어느 순간 마지막 다섯 번째 단계로 접어들게 된다. 나는 이것을 '즐기는 단계'라 부른다. 이때는 새로 습득한 행동이 당신의 또 다른 성격으로 자리 잡게 된다.

이는 스포츠에서 근육이 동작을 기억하는 것과 같다. 세레나 윌리엄스가 테니스공을 치듯이, 또는 리오넬 메시가 축구공을 드리블 하듯이, 동작이 몸에 익어 머리로 생각할 필요 없이 자연스레 나오게 되는 것이다.

나 역시 대학에서 강의하는 일이라면 이 단계에 진입했다고 자부한다. 신참내기 시절에는 강의실에 들어서는 것 자체가 두려웠다. 누군가를 가르친다는 어려움은 한동안 너무도 무거운 짐이 되어 몸과 마음을 짓눌렀었다.

하지만 학교가 나를 고용하면서 요구하는 책무 중 하나가 바로 강의이니 직업상 피할 수 없는 일이고, 그러니 반드시 시도 단계로 도약해야만 했다. 나는 이 단계를 '살아남기 단계'라고도 불렀는데 처음 1년 동안 나의 각오가 바로 학교에서 살아남는 것이었기 때문이다.

학생들보다 1시간 앞서 출근해서 강의 준비를 하는 걸 목표로 해서 한 학기를 헤쳐 나갔다. 그러노라니 시간이 지날수록 강의 실력이 향상되었다. 그렇게 나는 시도 단계에서 발전 단계로, 그리고 스스로 즐기고 있다고 말할 수 있는 오늘의 단계까지 오게 되었다.

이제 내게 있어 강의는 또 다른 성격으로 자리 잡았다. 물론 여전히 효과적인 강의, 학생들이 보다 적극적으로 참여할 수 있는 강의를 진행하는 데 어려움을 느끼지만 어떻게 헤쳐나가야 할지, 시간 배분을 어떻게 해야 할지, 학생들과 어떻게 의사소통을 해야 할지에 대해서는 걱정하지 않는다. 그 정도는 이제 자연스럽게 해낼 수 있기 때문이다.

언젠가 당신이 도전의 한가운데 섰을 때, 여전히 원하는 행동을 자신의 것으로 만드는 방법을 모른다고 해서 스스로를 실패자로 여기지 마라. 스스로를 비난하며 깎아내리는 대신 부담을 벗어나는 과정 자체를 즐기기 바란다.

당신이 아직 시도 단계에 머물러 있을지라도 출발점을 되돌아보며 지금이 엄청난 발전이라는 사실을 기억하라. 앞서 설명했듯이 더 이상 회피하고 싶지 않은 일을 여전히 회피하고 있다는 사실을 인식하는 것만으로도 상당한 발전이다. 이 모든 것이 마라톤과 같은 장거리 여정에서 반드시 거쳐야 할 과정이라는 생각이 도전정신을 다지는 데 도움을 줄 것이다.

세 번째 재료 :
건전한 지원 시스템

살면서 오롯이 혼자만의 힘으로 모든 걸 해낼 수 있는 사람은 없다. 안전지대를 벗어나는 일은 더욱 그렇다. 자기만의 한계를 뛰어넘을 때는 누군가 도움을 주고, 영감을 주고, 우리를 목표한 곳까지 가도록 동기부여를 해주게 된다.

이 책에 소개된 다양한 사례 속의 사람들이 그랬다. 뉴햄프셔의 비누 제작자 사라 린덴을 떠올려보자. 만약 그녀가 가족이나 친구의 도움 없이 염소 농장에서 혼자 일했다면, 그리고 그녀가 용기를 내어 부담스러운 시도에 부딪쳐보기를 안전지대를 벗어날 수 있도록 격려해준 사람들이 없었다면, 그녀는 두 번 다시 도전을 꿈꾸지 못했을 것이다. 거절을 당한 경험이 너무도 큰 충격을 주었기 때문이다.

하지만 다행히도 사라 옆에는 가족과 친구들이 있었다. 그들은 그녀의 멘토가 되어주고, 다시 힘을 내어 울타리 밖으로 나갈 수 있도록 격려해주었다.

특히 사라의 남편은 절망에 빠진 채 이제 완전히 망했다고 말하는 그녀의 생각이 잘못되었음을 알려주었다. 그들은 거절을 당하는 것 역시 성공으로 가는 과정의 일부이니 기꺼이 받아들이라고 이구동성으로 말했다.

남편과 친구들의 응원에 힘입은 사라는 이전보다 작은 규모지만 여전히 지역사회에서 인정을 받는 잡화점을 두드릴 용기를 얻었고, 결국 한 손에 주문서를 들고 웃으며 집으로 돌아올 수 있었다.

나는 그동안 살아오면서 여러 명의 멘토들을 만나는 행

운을 누렸다. 앞서 언급한 대학원 시절의 리처드 해크먼 교수님과 콜롬비아대학에 다니던 시절의 은사이자 내가 조직행동학 분야로 진로를 정할 수 있게끔 영감을 준 조엘 브로크너Joel Brockner 교수님이 그들이다.

하지만 내게 가장 큰 영향을 끼친 분은 아버지였다. 아버지는 내가 진로 문제로 고민할 때마다 늘 곁에 계셨다. 박사과정을 시작하고, 논문을 쓰고, 강의를 하고, 일반대중들을 위해 연설하고 글을 쓰며 훨씬 외향적인 사람으로 변모한 지금, 학자로서 걸어온 나의 모든 발걸음 내내 아버지가 곁에 계셨다.

내가 직업 선택에 확신이 없어 힘들어할 때도 아버지는 조언을 아끼지 않으셨다.

"강의를 시작한다고? 걱정하지 마라."

내가 난생 처음으로 학생들을 가르치게 되었을 때, 이미 30년째 교편을 잡고 계셨던 아버지는 두려운 마음으로 강의실에 들어서야 하는 내게 자신감과 확신을 불어넣어 주셨다.

"책을 쓴다고? 문제없지."

아버지는 저술 분야에서도 이미 유경험자였다. 사실 책

을 한두 권 쓰신 분이 아니기 때문이다.

"연설을 한다고? 그것도 걱정하지 마라."

라디오나 텔레비전 방송 출연을 앞두고도, 또는 논문을 발표하기 전에 초안을 읽어 보는 일도 아버지와 함께했고, 그때마다 강력한 응원을 받았다.

부담의 벽을 넘는 과정에서 특별한 사람들의 도움을 받은 경험이 내게만 있는 건 아니었다. 그중엔 남에게 도움을 청하는 일을 어려워하는 사람도 있었고, 스스로를 사기꾼이나 가짜라고 여기며 사람들로부터 멀찌감치 떨어지는 게 속 편하다고 생각하는 사람도 있었다.

이것이 당신의 이야기라면 도움을 청하고 피드백을 얻는 것은 약점이 아니라 강점으로 작용한다는 사실을 믿고 더욱 최선의 노력을 다하기 바란다. 이 책을 통해 누구나 부담을 넘어서는 과정에 저마다의 어려움을 겪고 있으며, 저마다의 방식으로 주위 사람들의 도움을 받았다는 사실을 꼭 기억하기 바란다.

하지만 내가 강조하고 싶은 점은, 부담의 벽을 뛰어넘는 데 반드시 인생을 바꿔줄 멘토가 필요한 건 아니라는 것이다. 동료의 피드백이나 조언을 포함해서 다양한 사람들의 목소리가 멘토 역할을 대신할 수 있기 때문이다.

심지어 책이나 잡지에서 훌륭한 조언을 얻을 수 있다. 가족 또는 친구로부터 정신적 안정을 얻을 수도 있고, 가까운 지인들에게 감시자가 되어 당신이 안전한 구석으로 도망치려는 순간을 꼬집어달라고 부탁할 수도 있다.

중요한 일은 완벽한 멘토를 찾는 일이 아니다. 누구에게나 훌륭한 조언이 필요하다는 사실, 그리고 그 조언은 어디서든 얻을 수 있다는 사실을 잊지 않는 게 중요하다.

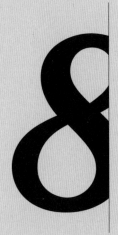

억지로
적극적이 되지
않아도 좋다

만일 행복을 찾아다니다가 마침내 얻게 되었다면,
그것은 할머니가 잃어버린 안경을 찾는 일과 같다.
왜냐하면 할머니의 안경은 항상 그분의 코 위에
걸쳐져 있었기 때문이다.

_ 조시 빌링스(Josh Billings, 미국의 작가)

지금까지 우리는 부담의 벽을 넘는 일이 왜 그렇게 힘든
지, 그 과정을 우리가 얼마나 자주 회피해왔는지, 그리고 우
리가 그동안 불가능하다고 여겼던 장애물들을 뛰어넘어 어
떻게 성장하고 발전할 수 있을지를 알아보았다.

　그리고 그 과정에서 여러분이 한 걸음 도약할 수 있게끔
자신의 경험을 솔직하게 털어놓는 각계각층의 사람들을 만
나 보았다.

　이 책을 마무리하면서, 나는 부담을 극복하는 일에 관한
수많은 거짓이나 소문에 대해 말하지 않고 이쯤에서 마침표
를 찍는다면 너무 무책임한 일이라고 생각하게 되었다.

　그동안 많은 사람들이 '적극적인 태도'에 관한 글을 써왔
다. 나는 그들 중 상당수가 잘못된 지식이나 정보에서 나온
'가짜'라고 생각한다. 그런 말에 현혹되면 부담을 이겨내는

일을 별것 아니라고 생각하는 사람들이 많을 것이기에 반드시 수정이 필요하다.

그들의 말에 따르면, 그저 주먹을 한 번 꽉 쥐고 한두 걸음 펄쩍 뛰기만 하면 깔끔하게 자신을 가두는 벽을 벗어날 수 있다는 것이다. 말 그대로 '할 수 있다고 생각하면 당장이라도 할 수 있다'는 것이다.

하지만 우리가 지금껏 살펴봤듯이 부담을 극복하는 일은 절대 쉬운 게 아니다. 게다가 무턱대고 도전에 나서는 게 독이 될 수도 있다. 그래서 지금부터는 부담의 벽 벗어나기에 대한 거짓 소문을 반박하고, 몇 가지 시사점을 정리하여 독자 여러분의 결심에 도움을 드리고자 한다.

- **소문 1**   그냥 한 걸음 내딛는 것만으로 부담은 극복할 수 있다.
- **진실**   틀렸다. 단번에 자신이 안전하다고 느끼는 영역 밖으로 뛰어나갈 수 있는 사람은 없다. 오히려 처음 한 걸음은 엄청난 고민과 심사숙고의 결과다.

내가 만난 많은 사람들의 경험에 의하면, 그리고 내 경험에 비추어봤을 때도, 한 걸음 내디딜 용기는 하루아침에 생기는 게 아니다. 갑자기 머리 위로 전구 하나가 번쩍 떠오르더니 '그래! 대중을 상대로 연설하는 일쯤이야 거뜬히 감당할 수 있지!'와 같이 말하게 되는 경우는 결코 없다는 것이다.

그와는 반대로 오랜 시간에 걸쳐 아주 조금씩 걸어온 작은 발걸음들이 모이고 쌓여서 느리지만 꾸준한 발전을 이뤄내고, 그 결과로 한 걸음을 내딛게 되는 것이다.

심지어 대부분의 사람들에게 지금은 아직 행동에 나서는 단계도 아닐 것이다. 대신 스스로 목표로 삼은 행동을 관찰하고, 그렇게 행동하려는 자기 자신에 대해 성찰해보고, 필요한 용기를 끌어내기 위한 첫 단추를 끼우는 단계다.

그러다가 마침내 목표로 했던 일에 한 걸음 다가서게 되는 것이다. 그 모든 과정은 겉으로 보기엔 갑자기 일어난 변화처럼 보일지 모르지만, 당신은 진실을 알고 있다.

스스로를 꾸준히 밀어붙여 어느 지점에 다다른 당신은 이제 도전을 향한 의지를 잔뜩 충전한 채 벼랑 끝에 섰고, 마침내 뭔가에 떠밀려 벼랑 아래로 뛰어내린 것이다.

그러니 껍데기만 보고 쉽사리 결론을 내리는 것은 금물이다. 아무런 노력 없이 쉽게 이뤄낸 것 같아 보이는 일도 엄청난 내적 투쟁의 결과이기 때문이다.

- **소문 2** 변화의 마법은 안전한 영역 밖에서만 일어난다.
- **진실** 그렇지 않다. 행동 습관을 변화시키는 마법은 안전
  지대 안에서도 일어날 수 있다.

구글에서 '안전지대comfort zone'라는 단어를 검색해보면 금세 눈에 띄는 사실이 하나 있다. 안전지대에 웅크리고 있는 것에 대한 비판이다. '따분한 인생', '고리타분한 일상'으로 묘사한 그림도 있고 '우울', '두려움', '지겨움'과 동일하게 취급하는 글도 있다.

그리고 이 책의 도입부에서 제시했던, 안전한 곳과 변화의 마법이 일어나는 곳을 두 개의 원형 도표로 그린 그림도 찾아볼 수 있다. 그런데 이런 그림들은 마법이 안전지대에서는 절대로 일어나지 않는다고 단정하고 있다.

이것이 사실일까? 안전한 곳에 머무는 것이 더 좋을 때는 없을까? 예를 들어 만약 당신이 도전하려는 일이 정말로 불가능한 일이라면 어떨까? 정신적으로 너무 지쳐 있거나 도전을 감당하기 어려운 상태인데다 성공 가능성까지 낮은 상황이라면?

신참내기 교수가 되었을 때, 나는 앞으로의 진로를 생각하면서 기업들을 상대로 하는 컨설팅과 비즈니스에 도움이 되는 글을 써보는 게 어떨까 생각해본 적이 있다.

하지만 그때의 내게 그런 작업들은 내 한계를 훨씬 벗어나는 일이었다. 당시 나는 이미 진행 중인 연구를 힘겹게 따라가고 있었고, 동시에 MBA 프로그램에서 처음으로 강의하게 되어 거기에 따른 교수법도 익혀야 했다.

게다가 그 무렵 우리 부부는 첫아이의 부모였는데, 아내가 둘째아이를 바라고 있는 상황이었다. 밤에 제대로 자지 못해 하루 종일 몽롱한 상태로 수업시간을 보내는 등 방금 내가 뱉은 말이 처음부터 하려던 말이었는지도 모를 정도로 정신이 없었다.

그때는 모든 게 엉망진창이었다. 강의를 절반가량 진행하다 말고, 이 강의를 끝까지 해낼 수 없을 것 같다는 좌절감에 빠진 적이 한두 번이 아니었다.

그럼에도 불구하고 한 걸음 더 나아가고 싶었던 나는 섣불리 움직이기보다는 내게 허락된 모든 시간과 에너지를 종신교수에 임용되기 위한 노력에 쏟아부어야 했기에 교과

연구와 글쓰기라는 안전한 곳에 머물렀다.

안전하게 가는 게 더 나은 때는, 당신이 해야 할 일을 당신보다 더 잘 해낼 수 있는 사람이 따로 있는 경우다. 이 책에 소개한 사람 중 댄 골드의 이야기가 좋은 예다.

세차기계를 제작하는 사업가인 그는 기계의 효율을 높이는 소프트웨어의 연구 개발은 좋아하지만 제품을 홍보하고 판매하는 일에 대해서는 생각만 해도 가슴이 답답해졌다.

그에겐 두 가지 큰 문제가 있었다. 첫째는 판매영업에 관한 의욕이나 열정이 별로 없다는 것이고, 둘째는 회사가 엄청나게 시간 압박에 시달리고 있다는 것이었다.

컴퓨터 소프트웨어로 움직이는 세차기계의 수요는 한계가 있어 먼저 경쟁에 뛰어든 사람이 계약을 따게 되어 있었다. 그래서 영업 초보자로서 관련 기술이 숙련될 때까지 기다리는 대신 댄은 훨씬 더 유용한 방법을 택했다. 유능한 영업사원을 고용한 것이다.

상호보완적인 기술을 가진 사람들이 함께 일하면서 따로 일할 때보다 훨씬 멋진 결과물을, 만들어낸 케이스는 굉장히 많다. 초기의 애플이 그렇다. 기술력이 뛰어난 스티브 워즈니악Steve Wozniak과 비즈니스 감각과 디자인 실력이 출중한 스티브 잡스Steve Jobs가 파트너가 되어 함께 운영했다.

물론 상호보완을 핑계로 매번 웅크리거나 어려운 일이 생길 때마다 외부에서 해결책을 찾는 건 결코 좋은 생각이 아니다. 하지만 변화에 대한 동기가 부족하고 시간이 촉박할 때, 당신이 잘하는 것을 살리고 동시에 다른 누군가가 당신의 단점을 보완하도록 하는 것은 현명한 방법이다.

- **소문 3** 세상에서 웬만한 상황에 부담을 느끼고 힘겨워하는 사람은 나 혼자밖에 없다.
- **진실** 아니다. 지구상의 모든 사람들이 자신에게 낯선 상황을 두려워한다.

이 책을 준비하면서 진행한 연구는 처음부터 무척 순조롭게 이루어졌는데, 특히 부담을 넘어서본 사람들의 이야기를 모으는 과정이 그랬다. 모든 사람들에게 그들만의 사연이 있었고, 대부분이 자기들 나름의 경험담을 들려주었다.

그들에게 이 책이 부담과 압박을 벗어나는 일의 어려움

과 그것을 회피하는 방법, 그리고 우리가 할 수 있는 행동에 관한 내용이라고 이야기했을 때 그들은 무슨 말인지 안다는 듯이 고개를 끄덕였다.

"그렇다면 내게 할 말이 많죠!"

나는 이 주제에 관해 이렇게 할 말이 많은 사람들이 존재한다는 사실과 사람들이 자기의 고생담을 솔직히 털어놓는다는 사실에 무척 놀랐다.

사실 '부담의 벽 뛰어넘기'라는 주제는 실생활에서뿐만 아니라 전 세계적으로 널리 알려진 문학작품이나 영화에서 자주 다뤄질 만큼 보편적인 개념이다. 20세기 최고의 신화 해설자로 유명한 조셉 캠벨Joseph Campbell은 '영웅의 여행Hero's Journey'이라고 부르는 서술 기법을 통해 익숙한 안전지대를 벗어나는 인간의 모습을 보여준다.

이야기는 한 사람의 영웅이 오랫동안 친숙했던 세상을 등지고 낯선 세상을 탐험하기 위해 떠나는 내용이 골자를 이룬다. 영웅들은 알려지지 않은 세상에 과감히 뛰어들거나 시험에 빠지거나 무시무시한 공포에 직면한다.

그러나 이야기는 영웅이 전혀 예상치 못한 방식을 통해

예전과는 확연히 달라진 모습으로 귀향하는 것으로 끝을 맺는다.

당신도 가만히 생각해보면 유명한 문학작품에서 정확하게 이 형식을 따른 캐릭터나 이야기를 떠올릴 수 있을 것이다. 오디세이, 호빗, 스타워즈 등 모험 이야기를 담은 수많은 작품들이 그렇다.

이런 이야기들은 하나같이 인간의 취약함, 그것을 뛰어넘는 용기, 일생일대의 기회, 예상치 못했던 교훈 등에 대해 다룬다. 그리고 이제 가상의 인물이 아닌 당신의 이야기를 만들어낼 기회가 주어졌다. 당신만의 영웅 이야기를 쓸 기회 말이다.

이 책을 통해 당신과 나처럼 평범한 사람들의 이야기는 물론이고 대중을 상대로 책을 쓰거나 연설하면서 자신의 도전을 생생하게 알린 저명인사들의 이야기를 공유한 이유는 바깥 세상에 두려움을 느끼는 당신이 지극히 정상이라는 사실을 알리기 위해서였다.

당신의 힘겨운 상황이 특별한 케이스가 절대 아니라 극히 일반적인 것이며, 이 책에서 소개한 방법들을 활용하기

만 하면 그동안 느꼈던 어려움을 극복하고 단호하고 당당
하게 행동을 취할 수 있다는 사실을 깨닫기 바란다.

- **소문 4** 부담을 극복한다는 것은 그냥 현실을 순순히 받아들
  이라는 것이다.
- **진실** 받아들이는 것도 중요하지만 굳이 상황을 억지로 받
  아들일 필요가 없는 전략이 더 이상적이다.

부담을 넘어서기 위한 전략으로 그냥 현실을 받아들이는
길을 택하는 사람이 얼마나 많은지 셀 수 없을 정도다. 그들
은 부담스러운 상황이 닥치면 감정을 티 내지 말고 이성적
으로 행동하는 게 최선이라고 주장한다.

그러나 중요한 사실은 그냥 감정을 억누르며 받아들이는
게 필요할 때도 있지만, 그것이 유일한 전략은 아니라는 것
이다. 이 책의 가이드라인을 따라 왔다면 자신이 이 행동을
왜 하는지 확신을 갖게 되고 점차 상황을 통제할 수 있다는
자신감이 생기면서 마음이 한결 편해질 것이다. 그러니 이렇
게 말할 수 있다.

"상황을 그냥 받아들이는 무기를 꺼내들지 마라. 당신에
게 주어진 다른 많은 도구들을 사용해본 후에 그렇게 해도

늦지 않다. 왜냐하면 감정을 굳이 억누를 필요가 없게 해주는 전략이 더 중요하기 때문이다."

- **소문 5** 자신감만으로도 충분히 부담을 이겨낼 수 있다.
- **진실** 자신감만으로는 부족하다. 노력과 끈기, 전략, 그리고 직면한 도전에 대한 명확한 이해가 뒷받침되어야 한다.

누구라도 자신감만 장착되어 있다면 상황을 대처할 수 있는 건 사실이지만, 반드시 기억해야 할 일이 있다. 부담의 벽을 뛰어 넘는 일이 마법은 아니라는 것이다. 시간과 노력, 끈기가 필요하고 일단 시도를 한 뒤에는 새로운 행동 습관을 온전히 자기 것으로 만들어야 하는 지난한 과정이 남아 있다.

해외로 어학연수를 떠난 사람들 중에는 조기에 귀국하는 케이스가 의외로 많다고 한다. 그 나라 말로 의견을 표현하려다 실패를 경험하게 되고, 그러다 두려움이 쌓여 두 번 다시 입을 열지 못하게 되는 것이다.

첫 걸음을 내딛는 것만 중요한 게 아니다. 그 한 번의 도약이 오래 유지될 수 있도록, 그래서 결국 당신의 성격과 습관의 일부로 영구적으로 자리 잡을 수 있도록 알맞은 환경을 조성하는 것이 중요하다.

당신의 삶은 벽을 뛰어넘으려는 노력들이 모여서 만들어진 것이라고 해도 과언이 아니다. 유아기에는 바닥을 기는 편안함을 포기하고 혼자서 두 발로 서는 도전에 나섰다. 유치원에 가기 위해, 그 다음엔 초등학교에 가기 위해, 그리고 중고등학교와 대학교에 가기 위해 집을 떠났다.

대학을 떠나 첫 번째 직장에 입사했을 때도 당신은 한 걸음 도약했다. 그 후에 직장에서 보직을 변경하거나 이직을 경험하기도 했다. 그 모든 게 도전이고 변화였으며 오늘의 당신은 그런 경험들이 쌓인 결과물인 것이다.

그러니 다음에 한계 밖의 버거운 상황에 직면했을 때는 그것이 할 말은 하는 것이든, 패배를 인정하는 것이든, 누군가에게 당신의 생각을 요구하는 것이든, 당신은 이미 다양한 방식으로 이 모든 도전들을 겪어왔다는 사실을 기억하라.

당신의 삶은 항상 도전으로 가득했고, 그때마다 극복했

으며, 앞으로도 얼마든지 해낼 수 있다. 부담의 벽을 넘는 일은 쉽지 않다. 시간과 노력, 전략과 결의가 필요한 일이다. 하지만 잘 짜인 계획과 그 계획을 실천할 용기가 있다면 분명 놀라운 결과를 손에 쥐게 될 것이다.

옮긴이 임가영

전남대학교 신문방송학과, 서울외국어대학원대학교 통번역대학원을 졸업
했다. 현재 전문번역가로 활동하고 있다. 역서로는 《어쨌거나 마이웨이》,
《피니시》, 《높은 창》 등이 있다.

하버드 비즈니스스쿨 인간관계론 강의

개정판 1쇄 인쇄일 2018년 12월 05일
개정판 1쇄 발행일 2018년 12월 10일

지은이	앤디 몰린스키		
옮긴이	임가영		
발행인	이승용		
주간	이미숙		
편집기획부	박지영 양남휘	**디자인팀**	황아영 한혜주
마케팅부	송영우 김태운	**홍보마케팅팀**	조은주 전소현
경영지원팀	이루다 김미소		

발행처 |주|홍익출판사
출판등록번호 제1-568호
출판등록 1987년 12월 1일
주소 [04043] 서울 마포구 양화로 78-20 (서교동 395-163)
대표전화 02-323-0421   **팩스** 02-337-0569
메일 editor@hongikbooks.com
홈페이지 www.hongikbooks.com

제작처 정민문화사

ISBN 978-89-7065-664-9 (03180)

이 도서의 국립중앙도서관 출판예정도서목록(CIP)은
서지정보유통지원시스템 홈페이지(http://seoji.nl.go.kr)와
국가자료공동목록시스템(http://www.nl.go.kr/kolisnet)에서 이용하실 수 있습니다.
(CIP제어번호: CIP2018039161)